航空服务艺术与管理本科系列教材

客舱安全管理与应急处置

Cabin Safety Management and Emergency Response

谢晓芳　李　静◎主　编
路　攀　张怡驰　黄　然◎副主编

电子工业出版社
Publishing House of Electronics Industry
北京·BEIJING

内 容 简 介

安全是民航业的生命线，中国民航已建成较为完备的设施、人员、技术和安全管理体系。本教材涵盖客舱安全管理、空防安全、机组资源管理、机上人员安全管理、设备安全管理、应急处置、应急撤离、求生技能等内容，既可作为高等院校航空服务类专业教学的核心教材，也可为民航客舱乘务员、安全员及相关从业人员提供参考，旨在培养民航业相关从业人员的安全管理意识、强化安全管理体系和全面提升应急处置能力。

未经许可，不得以任何方式复制或抄袭本书之部分或全部内容。
版权所有，侵权必究。

图书在版编目（CIP）数据

客舱安全管理与应急处置 / 谢晓芳，李静主编.
北京 : 电子工业出版社, 2025. 1. -- ISBN 978-7-121-49390-4
Ⅰ．F560.82
中国国家版本馆 CIP 数据核字第 20249W56Q4 号

责任编辑：刘淑丽
文字编辑：牛亚杰
印　　刷：三河市鑫金马印装有限公司
装　　订：三河市鑫金马印装有限公司
出版发行：电子工业出版社
　　　　　北京市海淀区万寿路 173 信箱　邮编：100036
开　　本：787×1 092　1/16　印张：11.75　字数：271 千字
版　　次：2025 年 1 月第 1 版
印　　次：2025 年 1 月第 1 次印刷
定　　价：46.00 元

凡所购买电子工业出版社图书有缺损问题，请向购买书店调换。若书店售缺，请与本社发行部联系，联系及邮购电话：（010）88254888，88258888。
质量投诉请发邮件至 zlts@phei.com.cn，盗版侵权举报请发邮件至 dbqq@phei.com.cn。
本书咨询联系方式：（010）88254199，sjb@phei.com.cn。

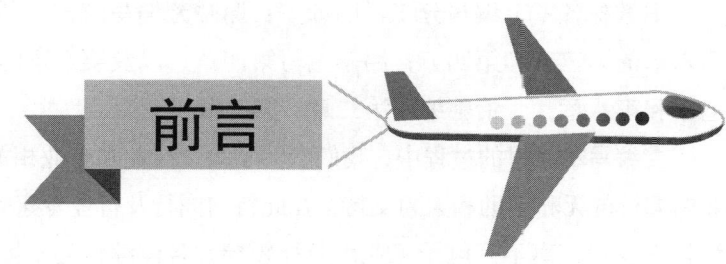

前言

在党中央、国务院的直接领导和统一部署下，中国民航在航空运输、机群更新、机场建设、航线布局、航行保障、飞行安全和人才培养等方面取得了举世瞩目的成就，安全态势总体平稳，服务品质稳步提升，保障能力显著增强，能够更好地满足人民群众多元化的航空出行需求。党中央对民航安全工作高度重视，把航空运输安全放到"事关国家安全、国家战略"的高度去考虑。习近平总书记明确指出："安全生产事关人民福祉，事关经济社会发展大局。"由于民航运输事故严重程度高、社会影响恶劣、国际反响大，所以社会舆论通常高度关注民航运输安全。

民航强国建设的本质是实现民航的高质量发展，深入学习习近平总书记关于安全生产的重要论述和对民航安全工作的重要指示批示精神，贯彻落实党中央、国务院关于民航安全和安全生产的重大决策部署，围绕"落实安全责任，推动安全发展"主题，结合"规章建设和执行"，在客舱坚守安全底线，提升民航服务的品质，这对于实现多领域民航强国的建设目标有着至关重要的作用。对航空服务艺术与管理专业的大学生而言，在校期间通过系统地学习客舱安全管理与应急处置的基础知识，提升客舱安全管理意识、应急处置和能力水平，才能够在未来的工作中认真贯彻"真情服务"及"敬畏生命、敬畏规章、敬畏职责"的精神内核，担当时代重任，弘扬和践行当代优秀的民航精神，为民航安全平稳运行提供强有力的思想基础、作风保障、能力支持和文化支撑。

本教材为高等院校学生学习民航客舱安全管理与应急处置的专业教材，主要内容涵盖客舱安全管理、空防安全、机组资源管理、机上人员安全管理、设备安全管理、应急处置、应急撤离、求生技能等方面。本教材内容通俗易懂，说理部分力求深入浅出，突出专业性、实用性和实效性等原则。民航事业的特殊性，决定了其在专业培养过程中注重学生思想政治教育的重要性和必要性。本教材融入思政元素，能够最大限度地实现育人的功能。

本教材既可作为高等院校民航服务类专业的核心教材，为民航服务类专业学生从事民航工作奠定扎实的职业基础；也可供非民航类专业学生学习民航客舱安全管理常识，使非民航类专业学生对民航客舱安全管理与应急处置有系统、大概的认识；亦可供民航从业人员及广大爱好者参阅。

本教材各章节编写分工说明如下：谢晓芳编写前言、第一章；李静编写第五章，以及第六章的第三节和第四节；路攀编写第四章，以及第六章的第一节和第二节；黄然编写第七章和第八章；张怡驰编写第二章、第三章。

在编写本教材的过程中，我们参阅了大量行业和专业相关的书籍和文献，同时也得到了业内同行的无私帮助和大力支持，在此特向同行及行业专家等表示由衷的感谢。本教材的最终付梓发行，离不开电子工业出版社领导和各位编辑的辛勤付出，特在此一并表示诚挚的谢意！

受编者水平和时间所限，教材中难免存在疏漏和不足之处，恳请各位读者朋友给予批评和指正。

编 者

2024 年 7 月

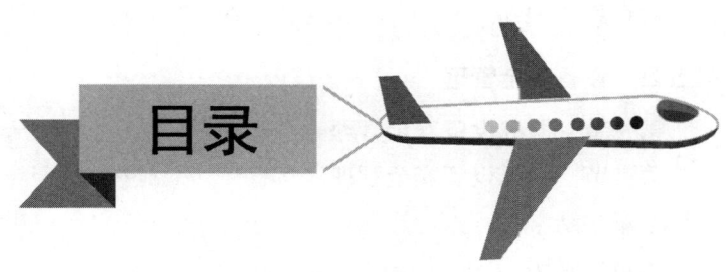

目录

第一章　客舱安全管理 ……………………………………………………………… 1
　　第一节　民航安全概述 ………………………………………………………… 3
　　第二节　安全管理体系 ………………………………………………………… 15
　　第三节　客舱安全管理概述 …………………………………………………… 21
　　本章小结 ………………………………………………………………………… 31
　　本章思考题 ……………………………………………………………………… 31

第二章　空防安全 ……………………………………………………………………… 33
　　第一节　空防安全概述 ………………………………………………………… 34
　　第二节　空防预案 ……………………………………………………………… 38
　　第三节　空防处置 ……………………………………………………………… 42
　　本章小结 ………………………………………………………………………… 52
　　本章思考题 ……………………………………………………………………… 53

第三章　机组资源管理 ………………………………………………………………… 54
　　第一节　机组资源管理概述 …………………………………………………… 55
　　第二节　人为因素 ……………………………………………………………… 59
　　第三节　威胁与差错管理 ……………………………………………………… 65
　　第四节　决策 …………………………………………………………………… 69
　　本章小结 ………………………………………………………………………… 74
　　本章思考题 ……………………………………………………………………… 75

第四章　机上人员安全管理 …………………………………………………………… 76
　　第一节　机组安全管理 ………………………………………………………… 77
　　第二节　客舱乘务员安全管理 ………………………………………………… 81
　　第三节　旅客安全管理 ………………………………………………………… 88
　　本章小结 ………………………………………………………………………… 92

本章思考题 ··· 93

第五章　设备安全管理 ·· 94
　　第一节　服务设备安全管理 ·· 96
　　第二节　应急设备安全管理 ·· 109
　　本章小结 ·· 126
　　本章思考题 ··· 127

第六章　应急处置 ·· 128
　　第一节　颠簸处置 ··· 129
　　第二节　释压处置 ··· 131
　　第三节　机上失火 ··· 134
　　第四节　机组失能 ··· 143
　　本章小结 ·· 144
　　本章思考题 ··· 145

第七章　应急撤离 ·· 146
　　第一节　应急撤离概述 ·· 148
　　第二节　应急撤离程序 ·· 149
　　第三节　应急撤离广播 ·· 157
　　第四节　应急撤离虚拟仿真实验 ·· 161
　　本章小结 ·· 165
　　本章思考题 ··· 166
　　本章实训任务 ·· 166

第八章　求生技能 ·· 167
　　第一节　求生通用常识 ·· 169
　　第二节　求救信号 ··· 170
　　第三节　求生技能分类 ·· 172
　　本章小结 ·· 179
　　本章思考题 ··· 180

参考文献 ··· 181

第一章

客舱安全管理

本章导读

民航安全是民航高质量发展的前提，是中国迈向多领域民航强国征程的保障。中国民航对民航安全隐患"零容忍"，民航安全具有政治属性、经济属性、社会属性、业务属性和文化属性，是保证民用航空活动安全、正常和高效运行所提前进行的安全防范工作。民航作风建设的内核是"三个敬畏"，安全是民航工作永恒的主题。航空公司应构建安全管理体系，落实客舱安全管理规范，确保民航安全。

学习目标

知识目标

（1）掌握民航安全属性、民航安全模型、民航安全系统的构成及其特点；
（2）了解民用航空安全管理体系的发展，掌握安全管理体系的构成；
（3）掌握客舱安全管理的内容及规范。

能力目标

（1）技术能力，包括民航安全模型的应用能力和客舱安全管理能力；
（2）心理能力，包括健康的心理和善于控制、把握自己的情绪及调整心理冲突的能力。

素养目标

（1）政治素质，主要是中国民航事业展现的国家和民族自豪感、爱国主义精神；
（2）道德素质，职业道德修养包括职业道德思维能力和道德判断能力；
（3）科学和文化素质，着重强调民航安全和客舱安全的基本知识、技能及思维能力；
（4）心理素质，顽强的意志力，积极的成就感、荣誉感及面对困难的承受力。

学习重点与难点

重点：民航安全属性、民航安全模型、民航安全管理体系及客舱安全管理规范。

难点：民航安全模型及应用、民航安全管理体系及运行。

本章关键词

民航安全（Safety of Civil Aviation）

民航安全模型（Civil Aviation Safety Model）

安全管理体系（Safety Management System）

客舱安全管理规范（Cabin Safety Management Standard）

互联网资料

民航资源网

中国民用航空局官网

 思政案例

中国机长

电影《中国机长》根据2018年5月14日四川航空3U8633航班机组成功处置特情的真实事件改编："中国民航英雄机组"成员与119名旅客在万米高空突遇驾驶舱风挡玻璃爆裂脱落、座舱失压的极端罕见险情，生死关头，英雄机组的正确处置，确保了机上全体人员的生命安全，创造了世界民航史上的奇迹。《中国机长》让很多人认识了"英雄机长"刘传健，记住了"奇迹"背后的忠诚与坚守。"英雄机长"刘传健在回顾那次惊心动魄的飞行时这样说："飞行员的职业特征决定其必须具备与专业技术相匹配的职业道德水准，始终做到敬畏生命、敬畏规章、敬畏职责，忠诚于党、忠诚于飞行事业，把安全作为终生追求的目标。"

民航是现代交通运输的重要构成，是社会国民经济发展的重要驱动力量。航空事故所导致的人身财产损失和无形的危害触目惊心，航空公司应持续提升民航安全管理的科学性和可靠性，降低事故率，促进民航健康持续发展。

随着世界航空运输业的高速发展，航空运输量增长，航空事故次数呈上升趋势，事故造成的巨大社会影响，广受社会各界关注。因此提高航空安全水平、降低事故率已成为航空界及各国政府的共同目标和紧迫任务。中国民航安全态势总体平稳，服务品质稳步提升，保障能力显著增强，更好地满足了人民群众多元化的航空出行需求。民航安全管理已从规章符合性管理向以数据驱动的安全绩效管理转变。

第一节　民航安全概述

民航业是国民经济中具有显著基础性、先导性和战略性的产业，民航安全是民航发展的灵魂和根基。中国民航整体安全平稳可控，具有国际化、大众化的市场空间，国际竞争力较强的大型网络型航空公司，布局功能合理的国际航空枢纽和国内机场网络，安全高效的空中交通管理体系，先进、可靠、经济的安全安保和技术服务保障体系，已具备单一民航运输强国特征，已开启多领域民航强国建设的新征程。截至2022年2月19日，中国民航运输航空持续安全飞行时间突破1亿小时，创造了中国民航历史上最好的安全发展新业绩，也创造了世界民航历史上最好的持续安全飞行纪录，安全运行质量持续提升。

一、民航安全定义

民用航空是除军事性质以外的所有从事航空器飞行的航空活动。安全是民航的生命线，是民航最大的政治担当，筑牢安全防线是民航高质量发展的前提。

（一）安全

"无危则安，无损则全"最早出于《周易》里面的《易传》，是先贤对"安全"的最早释义，意指危险与安全是相对的，缺损与完全是相对的，不危险，不缺损，就是安全。安全是在人类生产活动过程中，将系统的运行状态对人类的生命、财产、环境等可能产生的损害控制在人类能接受的水平或其以下的状态。随着人类认知能力不断提高、各类事物和周围环境不断变化、科学技术进步、公共安全和社会文明氛围渐趋浓厚，在不同时期、不同客观条件下，人们总是不断提出公众或社会需要的安全目标，即相对安全的标准或准绳。在航空范畴内，安全是"与航空器的运行有关或直接支持航空器运行的航空活动的风险被降低并控制在可接受水平的状态"。

国际民航组织（International Civil Aviation Organization，ICAO）对安全的定义："安全是一种状态，即通过持续的危险识别和风险管理过程，将人员伤害或财产损失的风险降低并保持在可接受的水平或其以下。"通过科学的安全管理，以智能控制为基础，使人与机器间达到平衡、和谐的状态，使机场、航空器、旅客和民航从业人员的生命财产和风险伤害得到保障。

事故和灾害为零只是安全的理想值，要实现绝对安全是不可能的。对安全的认识和追求，离不开社会、时代、经济基础和科技水平。随着国家经济水平的提高，当国家有能力、有条件把保护大众的安全义务变成符合国情的可行的政府行为时，就要学习先进管理方法，汲取先进经验，不断完善安全管理体制，制定新的安全管理目标，定期修订或废除过时的安全标准。

安全是中国民航事业永恒的主题，党和国家历来高度重视民航安全工作，早在1957年

10月5日，周恩来总理在民航局《关于中缅通航一周年的总结报告》上批示："保证安全第一，改善服务工作，争取飞行正常。"周总理的批示科学概括了民航工作的特点，成为中国民航工作的指导方针，也是民航工作人员的座右铭。

（二）民航安全属性

1903年12月17日，莱特兄弟制造的第一架飞机在美国北卡罗来纳州试飞成功，标志着人类开启航空领域的新征程。时光荏苒，经过100多年的快速发展，飞机从作为人类对于天空的探索工具逐渐转变为大众出行必不可少的运输工具，搭乘民航飞机出行和利用空运传递货邮成为人们高效快捷的选择。但是恐怖分子的劫机、炸机、攻击民航机场及破坏民航设备的行为，严重影响了民航运输的正常运营，民航安全越来越受到世界各国的重视。

习近平总书记站在党和国家工作大局的高度，坚持战略思维、辩证思维和底线思维，对民航工作作出重要指示。2018年9月30日，习近平总书记在会见四川航空"中国民航英雄机组"全体成员时强调，安全是民航业的生命线，任何时候任何环节都不能麻痹大意。习近平总书记的系列重要指示全面、系统地阐明了新时代民航工作的指导思想和工作方针，是做好当前和今后民航工作的根本遵循和行动指南。

民航安全是飞行安全、地面安全及空防安全的总称。飞行安全是航空安全运输体系在进行对人们的生命和健康没有威胁的空运时保障安全的能力。飞行安全是航空公司赢得旅客信任的最根本保证，与飞行安全有关的主要因素有：飞行人员和飞行保障人员的技术业务素质、机场设施、航管设备、电子指挥和导航系统、规章制度、飞机维修方式和准则、航行业务、航空运输的方针和宗旨、经营和管理的状况。地面安全是在机场活动地区和机库内，航空器、车辆设备、设施安全运行的综合状况。空防安全是通过规划、措施和程序，防止对民用航空器进行非法干扰行为的发生，保证民用航空器及其所载人员、财产安全，保持航空器内的良好秩序。

全球民航重大事故百万架次率约为1.44，随着航空运输量的快速增长，事故的绝对次数不断增加，事故风险持续上升。国际民航组织从20世纪90年代初开始实施航空安全监察规划，最初是世界各国在自愿的基础上接受国际民航组织的安全评估。这一规划在1998年国际民航组织大会第32届会议上发展成为强制性的"航空安全审计计划（Safety Audit Programme）"，要求所有的缔约国必须接受国际民航组织的安全评估，评估内容包括各国航空当局安全规章的完善程度、航空公司的运行安全水平等。为使安全评估更加全面有效，国际民航组织还发起了"在航行域寻找安全缺陷计划（Programme for Identifying Safety Shortcomings in the Air Navigation Field）"，实施的项目有"人为因素（Human Factors）"和"防止可控飞行撞地（Prevention of Controlled Flight into Terrain）"。

中国民航坚守安全底线，坚持对安全隐患"零容忍"，安全治理能力大幅提升。20世纪50年代，中国民航事业刚起步，运输业务量小，事故次数不多，但事故率非常高；20世纪70年代，中国民航运输飞行每百万次起落重大事故率为世界平均水平的7倍；20世纪80—90年代，中国民航运输飞行安全水平持续提升，事故率显著下降。从1999年到

2008 年，中国民航运输飞行每百万飞行小时的重大事故率是 0.21，远低于 0.29 的世界平均水平。截至 2022 年 2 月 19 日，中国民航运输航空持续安全飞行 1 亿小时，亿客公里死亡人数十年滚动值为 0，民航安全运行平稳可控。

1. 民航安全的政治属性

民航安全的政治属性体现在保障人民群众生命安全的神圣职责上，体现在服务国家大局的独特作用上，体现在履行国家使命的职能担当上。民航业的政治属性与生俱来，要从政治高度观察、分析安全问题，将政治要求融入安全工作标准。中国民航始终坚持人民至上、生命至上，无论是日常出行的安全保障，还是在抢险救灾、医疗救援、海外撤侨中，都以高度负责的态度，坚决有力地保障了人民群众生命财产安全。2019 年 3 月 11 日，鉴于两起空难事故中的飞机均为新交付不久的波音 737-8 飞机，且均发生在起飞阶段，具有一定相似性，中国民航始终坚持对安全隐患"零容忍"，果断停止波音 737-8 飞机的商业运行，及时对香港国泰航空发出重大安全风险警示并采取有力措施，有力地支持和服务国家政治经济稳定大局。

2. 民航安全的经济属性

安全经济学认为，安全具有"拾遗补阙"与"本质增益"两大经济功能，即安全一方面能够减少事故、减轻损害、保护财产，减少负效益；另一方面能够保障劳动生产、维护经济增值过程，创造正效益。民航作为现代基础交通运输产业，兼具基础性与营利性，对安全有着极高的要求，民航安全是谋发展、增效益的必要基础。"十四五"时期，中国民航进入发展阶段转换期、发展质量提升期、发展格局拓展期，加强安全工作制度化、规范化、系统化，为民航可持续发展、高质量发展筑牢坚实基础，使民航在持续安全的道路上行稳致远。

3. 民航安全的社会属性

民航具有快速、机动、灵活、高效的特点，在抢险救灾、紧急运输、医疗救援中发挥着独特作用。民航安全的社会属性表现在，民航安全与人民生命财产安全紧密相关，具有巨大的社会影响力，所承担的社会责任代表着全行业的社会形象，乃至整个国家的国际形象。"人民航空为人民"是中国民航始终秉持的宗旨，民航要承担起安全生产责任主体的职责，完善安全管理方法，创新安全文化建设，落实安全生产措施，以绝对安全确保更好地履行社会责任。

4. 民航安全的业务属性

航空运输具有高科技、高投入、高风险的特点，点多、面广、线长、流动性大、国际性强，这些都决定了民航安全工作业务性强、专业技术要求高的特点。民航安全的业务属性体现在安全管理理念的科学性与先进性、安全管理实践的专业性与系统性、安全管理制度的规范化与常态化等方面。在民航安全工作中要始终坚持稳中求进的总基调，对安全隐患"零容忍"的总要求，依法治理的总准则，积极研发应用安全新技术，推进民航智慧监管与智慧信息平台建设，推动安全管理由事件驱动向数据驱动转变，确保安全链条始终处于良性状态，为新时代民航强国建设铸就坚实保障。

5. 民航安全的文化属性

安全理念是民航人在安全工作中经过长期实践检验的经验与智慧，熔铸了持续安全发展的精神底色；安全文化是民航安全工作传承巩固创新的精神链条、精神养分和精神力量，是民航高质量发展最深厚、最持久、最广泛的软实力。深刻认识民航安全的文化属性，在安全管理中高度重视安全文化建设，为民航安全工作培植深厚的文化土壤，为安全发展注入持久活力。当代民航精神、"三基"建设、"三个敬畏"等极具中国民航特色的安全文化，对于传承和弘扬行业精神，积淀和凝聚行业价值观，保持和刷新安全纪录，指导和引领行业高质量发展，都起到了积极的促进作用。

（三）民航安全的影响因素

1. 人为因素

人是民航安全生产的主体，参与飞行的机组人员、负责飞机维护的机务维修人员和指挥飞机起降飞行的空管人员等，其技术水平、安全意识、心理素质及体能等都是保障航空安全的重要因素。机组人员、空中管制人员、机务维修人员及旅客等，都可能成为航空事故的关键引发因素。其他人为因素则是通过飞机及相关设备、飞行环境和组织管理作用于航空事故或灾害。

2. 技术因素

飞机及其机载设备是航空运输生产的工具，与机组成员共同构成航空安全生产的主体。造成民航事故的技术因素主要是服役时间太长、性能不良、设计缺陷及制造质量、飞机出现故障等问题。飞机服役时间太长，结构腐蚀及疲劳损坏的可能性大；设计缺陷和制造质量造成飞机性能不良。发动机在空中发生故障，如果机组不能冷静、及时和准确地处理，很容易引发空难。1998年8月29日，古巴航空公司的一架图-154飞机发动机出现故障，在厄瓜多尔机场失事。飞机起落架系统、液压系统、控制系统、通信导航系统等故障，本身不足以导致航空灾难，但机组处置不当，可能导致飞机失控。1998年9月2日，瑞士航空公司的MD-11飞机机载电子游戏系统线路过热起火造成飞机坠海，机上14名机组人员和215名旅客全部遇难。

飞机质量是飞机运行过程中重要的安全保障，如果对飞机维护和使用得当、操作正确，由飞机及其机载设备故障引发航空灾难的可能性就极其微小。飞机制造厂商需尽量减少飞机设计和制造方面的因素导致飞机出现使用缺陷及隐患的可能性。航空公司应加强飞机零部件采购、质量检查和维修质量控制，预防飞机及机载设备技术因素导致的航空灾难。

3. 环境因素

航空安全生产系统的作业场所跨省、跨国、跨洋，点多、线长、面广。环境因素是影响民航运行安全的社会环境因素、自然环境因素和人工环境因素。影响航空安全的社会环境因素主要是政治环境因素和经济环境因素；自然环境因素通常是飞行地带和空域、航路及其周围的地形地貌、山丘、河川，以及大气物理现象，对航空安全影响最大的是风切变；

人工环境因素主要涉及机场、航路、通信、导航、灯光、标志，以及保障飞行安全的各种设施的设计配置。

政治环境因素主要包括政治局势、政策法规、非法干扰及军事力量攻击等因素。政治环境全方位影响着整个世界，影响着航空安全，存在可能导致航空灾难的诱因。国际上有关法律和条约，使劫机者得不到政治庇护，有效减少了空中劫持行为。起初，在飞机劫持事件中，劫机者并不伤害旅客，只是在着陆后炸毁飞机；后来，飞机劫持事件发展到劫机者在飞行的飞机中放置炸弹，最严重的情况是以满载旅客的飞机作为"炸弹"攻击高层建筑物，如骇人听闻的"9·11"事件。此外，旅客携带易燃易爆危险品、接听手机、擅自打开舱门、打架等违法行为，都可能成为致灾因素。军事力量攻击表现在军方误伤或拦截失当。1988年7月3日，美国军舰"文森斯号"在霍尔木兹海峡用导弹误击伊朗民航空中客车A-300，导致机上290人全部遇难。1983年，韩国航空公司的一架波音747客机因偏航误入苏联领空，被苏联军用飞机击毁后坠入大海，机上240名旅客和29名机组人员无一人生还。

经济发展对航空安全产生一定的影响，如经济体制改革、航空市场竞争和经济发展水平等经济因素影响民航安全。经济体制改革在促进民航发展的同时，行政关系改变、人事变动使员工思想波动等现象，直接影响民航安全。航空市场竞争日益激烈，航空公司为了争客源、货源，纷纷开通"红眼航班"，为降低成本、减员增效，减少安全管理、机务维修等关键岗位人员，延长设备使用和维修周期，严重威胁民航安全。经济落后国家的机场人工环境较差，会在一定程度上对航空安全造成威胁。

自然环境因素是除机组因素外造成飞行事故的最主要因素，一般包含地形地貌和气候条件，如风切变、雷雨、大雾、沙尘暴等。低空的风切变通常发生在飞机的起飞和着陆阶段，机场上空的风切变风向、风速突然发生急剧变化，飞行员难以控制航速和航向，保持机身平衡，从而造成航空事故。积雨云中的雷电对飞机的威胁更大，强烈的气流会造成飞机中度以上颠簸，轻则无线电罗盘失灵、电源损坏，重则机毁人亡。大雾天气地面能见度太低，飞行员在极端高度和范围看不清跑道，无法着陆，甚至可能与地面建筑物相撞。飞机结冰会使飞机的空气动力性能变坏，升力减小，阻力增大，影响飞机的安定性和操纵性，导致飞行事故。地形波是气流经过山区时受地形影响而形成的波状的铅直运动。地形波中强烈的湍流，造成飞机颠簸，可使飞机的气压高度表的指示产生误差，当在机场附近低空飞行时，更容易发生航空事故。此外，气温和气压影响飞机起飞和着陆时的滑跑距离，影响飞机的升限和载重，以及燃料的消耗。大雪、风沙、浮尘等也会造成机场的低能见度，直接影响飞机的安全起降。国航CA129号航班2002年在韩国的空难事故，部分致灾原因就是大雾、气流及机场附近的地形条件。

人工环境因素包括机场环境因素和空中管制环境因素等，与其他致灾因素相互作用，会造成航空安全事故的发生。对航空安全造成影响的机场环境因素有鸟害、机场净空和场道条件等。鸟害多表现为鸟撞飞机，飞机在空中飞行的速度很快，鸟类一旦撞到飞机，两者之间会产生很大的作用力，飞机会受到很大的损伤，甚至造成发动机空中停车，发生坠机事故或者飞机空中解体。机场净空是机场的生命线，是保障航班安全的基本适航条件。机场净空条件差，周围有障碍物，飞行员的视野在飞机起飞和降落的关键阶段就会受到很大的影响，引发航空安全事故。场道条件如跑道路面湿滑，导致飞机滑出跑道，引起航空安全事故。空中管制环境因素主要有管制空域环境、气象条件、地面支持设施、时间调度、任务性质和地理环境等因素，对航空安全具有深远影响。

（四）民航安全模型

1. 海恩法则

海恩法则是关于飞行安全的法则。飞机涡轮机的发明者帕布斯·海恩在对多起航空事故的分析中发现，每一起严重事故的背后，必然有29次轻微事故和300起未遂先兆，以及1000起事故隐患，如图1-1所示。海恩法则的精髓在于两点：一是事故的发生是量的积累的结果；二是再好的技术，再完美的规章，在实际操作层面，也无法取代人自身的素质和责任心。

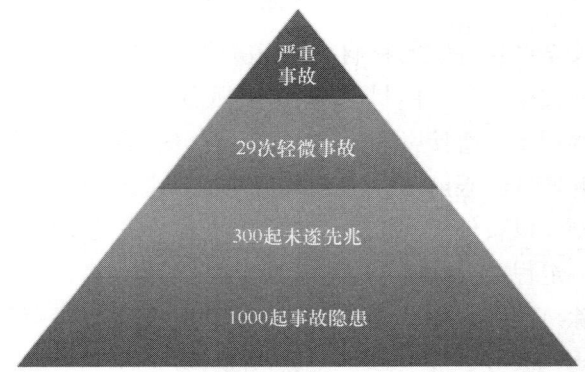

图 1-1　海恩法则

海恩法则多用于企业的安全管理中，对企业而言，任何一起事故都是有原因的，即"事故征兆"；发现并控制"事故征兆"，可以避免发生安全事故。按照海恩法则，重大事故发生后，在处理事故的同时，还要及时排查、处理同类问题的"事故征兆"和"事故苗头"，以此防止类似问题的重复发生，及时消除再次发生重大事故的隐患，把问题解决在萌芽状态。

2. 墨菲定律

1949年，美国空军上尉工程师爱德华·墨菲对他的某位运气不太好的同事随口开了句玩笑："如果一件事有可能变坏，让他去做就一定会更坏。"墨菲定律是一种心理学效应，其根本内容是，只要发生事故的可能性存在，不管可能性多么小，这个事故迟早会发生。

在数理统计中，有一条重要的统计规律：假设某意外事件在一次实验中发生的概率为 p（$p>0$），则在 n 次实验中至少有一次发生的概率为 $P = 1-(1-p)^n$。由此可见，当实验次数 n 趋向于无穷时，p 会越来越趋于1，即成为必然事件。要在企业管理、日常工作和生活中防范墨菲定律可能导致的恶性后果，必须从行为、技术、机制、环境等多方面因素入手，防微杜渐。

3. SHEL 模型

霍金斯于 1972 年提出系统由人员（Lifeware）、硬件（Hardware）、软件（Sofeware）、环境（Environment）四个部分组成。其中人员（L）表示系统中的人员要素，既包括系统内各流程中起主导作用的人员，也涉及起辅助作用的其他人员；硬件（H）是指系统中的各类设备、设施及信息系统；软件（S）体现了系统中所应用的政策、规章、手册，也包括相关的培训和支持等；环境（E）体现了人与内外部环境之间的关系，包括自然环境、政治环境、经济环境及社会环境等。人员要素在系统中处于核心地位，并与系统中的软件、硬件、环境，以及系统中的其他人员紧密相连，这些要素之间的相互作用即体现了模型的四个界面，如图 1-2 所示。模型中界面之间的不规则形状，表明了系统中的各个界面必须互相配合，才能以最高的效率实现系统目标。

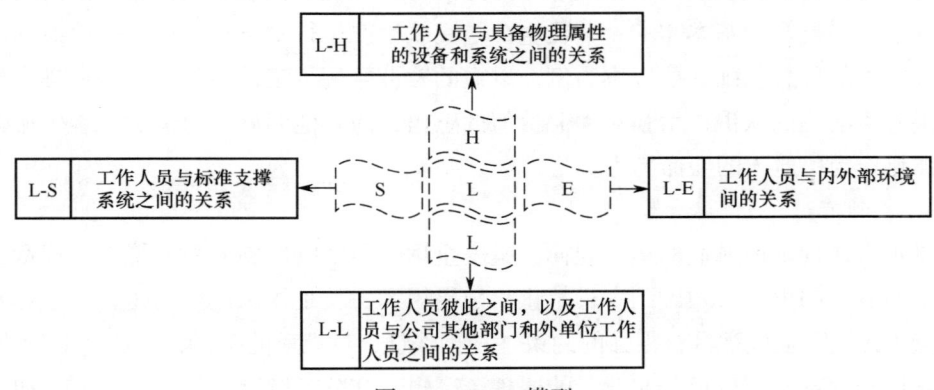

图 1-2 SHEL 模型

4. 事故链理论

事故发生通常不是孤立事件的结果，而是多种系统缺陷凑到一起的不幸后果。多种危险因素导致事故，是一种普遍现象，阻断这个链条的任何一个环节，事故就可以避免。事故链理论说明，预防事故必须从那些影响安全的危险因素入手。一个危险因素可能曾经造成过事故，也可能因为其他环节被阻断而只导致了不安全因素，不过不管是否实际导致过事故，安全事件都是事故的构件，这类事件隐患一日不除，就会有结合其他事件爆发事故的危险。国际上通常用"事故链"的方法，即按照事故发生和发展过程，将所有相关的因素或事件一一排列出来进行分析。事实上，MH370 事件说明，事故发生和发展的过程并非完全是一条环环相扣的链条，阻断其中一个环节，并不一定就能规避事故的发生。

二、"三个敬畏"

中国民航运输量持续增长，事故数量不断减少，截至 2024 年上半年，中国民航运输航空百万飞行重大事故发生率十年滚动值为 0.01，这是来之不易的成绩。据统计，造成民航事故的前三项原因分别为：飞机失控、可控飞行撞地、冲/偏出跑道，而人为因素是造成民航事故的主要原因。

知敬畏者，必身有所正，言有所规，行有所止，这是一种人生态度和价值追求。2020年4月14日，在民航安全生产形势分析会上，民航局冯正霖局长将"英雄机长"刘传健事迹报告中的"敬畏生命、敬畏规章、敬畏职责"内容进行扩展，强调民航作风建设从传统的单纯强调人的具体行为，进一步延伸到安全管理中人的价值观念、职业操守及行业运行规律等层面。"三个敬畏"作为民航作风建设的内核，成为展示当代民航精神、凝聚民航人职业自豪感和精气神的价值理念，有助于为作风建设、队伍建设植入厚重的人文内涵，为确保民航持续安全发展打下更为坚实的思想基础。

（一）"三个敬畏"的内涵

1. 敬畏生命

敬畏生命体现了民航业的价值追求，是党的根本宗旨和民航业内在要求的高度统一。生命安全是人民群众的基本需求，敬畏生命是民航生产运行中要牢固树立的价值理念，是履行岗位职责的思想基础。要以案为例，以血的教训警醒员工，使他们对违章操作导致的事故后果有更清醒的认识，增强对生命价值的感悟，激发他们肩负起保护旅客生命的责任自觉，强化作为民航人的使命担当。

2. 敬畏规章

敬畏规章体现了民航业的运行规律，是安全理论与实践经验的高度统一。规章是确保运行安全的刚性约束，必须做到令行禁止。敬畏规章，就是作风建设问题，以培养专业精神为重点。民航安全规章具有很强的约束性和操作性，对规章的敬畏，就是对生命的敬畏，要充分认识和深刻理解规章条文背后的原理、逻辑，充分了解制定的背景、意义和针对的可能风险，更加自觉地执行规章，融会贯通之后，能够在不违反规章的前提下举一反三，更加规范。在应对突发情况时，更加自信自如、更有把握。从思想态度着手，通过引导、鼓励等系列手段，建立员工内在的自我约束，自觉遵守规章、学习规章、运用规章，形成关注自身安全行为、环境和他人安全行为的良好氛围，提升作风建设效果。

3. 敬畏职责

敬畏职责体现了民航人的职业操守，是岗位责任和专业能力的高度统一。敬畏职责要求对岗位职责高度认同，体现了责任和能力的统一。民航安全运行链条长、环节多、专业性强，岗位履职尽责不到位就可能会给其他环节带来风险隐患，导致整个安全链条的断裂。开展敬畏职责教育，以树立责任意识为牵引，核心要义就是强调要努力干好本职工作、做好分内之事，组织关键技术岗位人员对照工作作风要求和岗位职责，剖析、查摆问题，在加深对工作职责理解的过程中，增强对工作的责任心，意识到自身能力的不足并主动改进。

（二）"三个敬畏"的价值

1. 以人为本，方知敬畏

人是生产力中最活跃的因素，民航安全运行工作靠人来完成，而人都可能犯错误。我们要从"要我安全"转化为"我要安全"，进一步强调外在约束。要严格执行规章、制度、纪律和要求。安全工作只有起点没有终点，只有通过运行的标准化规范化，通过反复地训练和培训，强化作风纪律的日常养成。作风无小事，是点滴养成的，根植于每一个细小的动作，民航业从业人员的每个细小的动作都关系着安全。前置安全风险，做好安全文化建设，排查安全隐患，牢牢守住安全底线与民航发展的生命线。

2. 铭记历史，方知敬畏

安全事故的惨痛教训表明，安全事故的缺口总是在"错忘漏"中，在从业人员有意、无意、大意的错误中被打开，往往与飞行、维修等从业人员的基层、基础、基本工作作风纪律不严有着密切的关系。通过加强全民航的敬畏意识，锻造扎实的民航作风，强化责任担当，确保民航的安全底线，通过"三个敬畏"的不断推进，深入开展全民航的作风建设工作，为民航安全工作夯实基础。

3. 全面从严，方知敬畏

对于作风问题，一定要严格要求。作风无小事，一举一动都可能造成机毁人亡。根据民航安全管理正反两个方面的历史经验，"严"是民航安全管理的第一法则。要时刻保持归零的心态，时刻保持战战兢兢、如履薄冰的状态，始终坚持严的目标、严的导向、严的举措、严的处罚，坚持对隐患零容忍，争取工作零差错，实现安全零事故，把安全工作的各项要求落到实处。

落实"三个敬畏"，严守安全防线。通过"三个敬畏"的宣传和落实，夯实民航安全基础，既确保了行业安全，又践行了"坚持以人民安全为宗旨"的国家安全观，体现了我国的政治体制优势。

三、民航安全系统

民航安全是个涉及面广、关系复杂的综合系统，影响民航安全的因素多，因素之间的相互作用、逻辑关系复杂。要实现民航持续安全，就要统筹考虑"安全"与"效益"之间的关系。

（一）民航安全系统的构成

1. 飞行安全子系统

民航飞行安全是指，民航航空器在运行过程中，不出现由于航空器质量和飞机不能操控及其他原因造成航空器上的人员伤亡和航空器损坏的事件。飞行员是影响民航飞行安全的重要因素，飞行员的安全意识和态度、航空理论知识和技能、飞行时限、健康水平及航空卫生保健等都会对飞行安全产生影响。民航飞行安全对飞行员获取信息进行决断的能力要求越来越高，飞行员作为航空器的实际管理者，还要具备充分、有效、正确整合资源，安全、顺利完成飞行任务的能力。机组资源管理，包括机组分工与协作，机组间的人际关系等，也直接影响飞行安全。从狭义上讲，机组指飞行机组，包括机长、副驾驶、机械师、领航员、报务员、飞行观察员、客舱服务人员；从广义上讲，机组还包括空中交通管制员、飞行签派员、地面维修人员及运行控制人员等一切与飞行相关的人员和旅客。此外，飞行起降时的气象条件，如大风、雷雨、跑道积冰、能见度低等不利于飞行安全，而气温高低、气压大小会影响到空气的密度及飞机起降时滑跑所需的距离和飞机的载荷，这些也是影响飞行安全的因素。

鸟击，即飞机等航空器与空中飞行的鸟类相撞，这也是威胁飞行安全的重要因素。飞机起飞、降落时，距地面100米是最容易遭到鸟击的高度，约占鸟击发生次数的90%。此高度上，起飞的飞机发动机功率达到最大，飞行速度迅速提升，飞行姿态最不确定；而正在降落的飞机平均时速高达300千米/小时。因巨大的惯性，飞行员必须完成控制飞机姿态的复杂操作，一旦遭遇飞鸟根本无法避让，发动机强大的吸力可能会将鸟吸入，从而对发动机造成巨大损坏，并对飞行安全造成很大影响。其中，机翼、雷达整流罩、发动机风扇、起落架是最易被撞的部位。

2. 维修安全子系统

维修安全系统分为维修工程和维修工作两部分。维修工程是根据飞机状况和适航要求，为所管辖的飞机制订维修计划并进行监控，决定维修工作的时机、内容和标准，监督维修工作的执行质量，确保对飞机执行的维修操作能满足适航要求。维修工作是按照工程部门制订的工作计划、指令或程序，对飞机进行维护、修理或改装，使其恢复或保持应有的性能。飞机维修过程中，人的错误判断、错误操作、违章指挥，设备缺陷、安全保护装置失效、作业方法和作业环境的缺陷等因素都可能导致危害性事故的发生。从系统总体视角对维修安全系统进行全面观察、系统分析和综合管理，维修安全才有保障，才能实现维修安全的目标。

3. 空中交通安全子系统

空中交通管理系统担负着保障地面系统与空中用户的密切联系、空域的有效使用、飞行安全和提高飞行效率的重要职责。空中交通管理的任务是从空中航空器、相邻管制员、航行情报人员、气象人员、雷达显示等不同渠道获得空中交通信息、情报服务信息，管制员经过加工处理，通过通信设施将有利于飞行安全的指令和信息发送给相关的航空器，保证航空运输安全。由于航空器涉及的通信环节线长、面广、点多，整个空管系统的构成比较复杂，管制运行风险主要来源于人、设备、运行环境、管理质量等方面。人的方面是指业务技能、工作作风、安全意识等因素；设备方面包括设备的先进程度、稳定程度、维护水平和备份系统等因素；运行环境包括航路结构、扇区划分、流量分布、军民航协调、流量限制、天气因素等因素；管理质量则包括管理者水平、规章程序、协调分工、班组资源管理、作息制度等因素。管制风险按危害程度可分为重大风险和一般风险，重大风险是极可能引发严重不安全事件的因素，往往是较为迫切、必须当机立断采取措施予以消除的风险，如流量激增超限、陆空通信设备失效、席位人员配置不满足要求等；而一般风险是可能对安全运行造成一定影响的因素，如天气变化、流控限制、设备调试等。对一般风险应予以控制，以免其积累起来转化成重大风险。

4. 机场安全子系统

机场是民航安全的重要组成部分，《运输机场运行安全管理规定》明确指出："机场管理机构对机场的运行安全实施统一管理，负责机场安全、正常运行的组织和协调，并承担相应的责任。"机场安全管理主要针对飞行区、站坪区、候机楼、货站等区域。为保证机场管理的安全性和有效性，机场应采用先进的安全设施，提高自动化程度，尽可能减少安全保障环节中的人为因素；提高信息化水平，增加自动报警管理系统；同时尽量避免特殊安全检查环节对正常流程的干扰，以提高效率。

（二）民航安全系统的特点

1. 复杂性

民航安全系统是由人—机—环境组成的复杂系统，环境因素是导致事故发生的重要影响因素，与人、机相互作用，通过科学的安全管理可以实现对三要素的协调。人的因素主要涉及安全心理、安全生理、安全教育及安全行为；环境因素主要涉及气象、机场等环境；机的因素主要涉及飞机设计、可靠性理论及安全技术等；人—机因素涉及人、机和人机关系；人—环境因素主要涉及人的决断能力、人与环境的关系等；机—环境因素主要涉及环境监测、自动报警与监控、技术风险等；人—机—环境因素主要涉及安全系统工程、安全管理工程等。

2. 开放性

安全系统通常依存于整体系统，在构建系统安全功能的基础上，安全系统依据所依存系统的能量流、物流和信息流，以及其流入—流出的非线性变化趋势，确认安全和事故发生的可能性，具有开放性特征。开放性不仅是安全系统在系统动态运行中保持稳定存在的前提，也是安全系统复杂性及安全与事故发生转换的重要机制。

3. 综合性

研究民航安全系统各要素之间的关系，需要综合运用各学科知识和各项技术，从全面、系统的观点出发，采用逻辑学、概率论、数理统计及模拟技术等方法，利用计算机进行处理和分析计算，用简明的语言、数据、曲线和图表清楚地描述系统内部要素间的关系和不安全状态，使人们能深刻、全面地了解和掌握所研究的系统，保证系统按预定技术达到安全目标。

4. 科学性

安全系统工程的任务包括：寻找、发现系统事故隐患；预测由故障引起的危险；选择、制定和调整安全措施方案和安全决策；组织安全措施和对策的实施；对措施效果进行全面的评价；不断采取改善措施以求得最佳安全效果的全过程。安全工作中的规划、决策、组织、控制统称为安全管理，对于实现系统安全、经济效益具有重要意义，体现了安全管理科学性的主要特征。

四、客舱安全

随着民航服务日趋多元化、大众化，民航安全已经成为当前社会广泛关注的热点与焦点问题，也是国际民航界最优先考虑的问题。民航主管部门和有关地方、企业要牢固树立以人民为中心的发展思想，正确处理安全与发展、安全与效益的关系，始终把安全作为头等大事来抓。保障民航安全是推动民航高质量发展的根本前提，也是推动新时代民航强国战略实施的坚实基础。客舱环境具有高风险、高封闭、距离近、范围小、密度大的特点，作为飞行安全的重要组成部分，客舱安全对民航的整体安全运营起着至关重要的作用。

（一）客舱安全概述

客舱安全是民用飞机安全性的重要方面，事关民航整体安全，最大程度保障旅客安全更是政府、制造商、运营商及旅客关注的焦点。美国联邦航空管理局（Federal Aviation Administration，FAA）主要从客舱安全设计方面开展了大量的客舱安全性方面的研究工作，包括改善坐垫可燃性、近地紧急逃生通道标记、卫生间灭火器及烟雾探测器、货舱内衬、内饰材料、出口通道、客舱隔热/隔音等方面的内容，并将研究成果纳入适航规章，大幅提高了民用飞机的安全水平。欧洲航空安全局（European Aviation Safety Agency，EASA）在2009年底发布了针对客舱安全问题的研究报告"Study on CS-25 Cabin Safety Requirements"，主要目的是确定威胁客舱安全的相关要素，并评估CS-25的客舱安全要求是否得到充分满足。国际航空运输协会（International Air Transport Association，IATA）明确指出，客舱安全重在强调乘务员必须完成维持客舱安全的相关任务，确保飞机在正常、非正常或紧急情况下，既能保证安全，又能兼顾效力和效率的运营。

民用飞机的客舱安全涉及范围广、内容多，既与飞机设计相关，又与运营管理相关，包括客舱内系统设计、客舱安全管理、旅客安全意识、乘务员责任和安全训练、飞机维修、飞行状态、人为因素等相关内容。1995年，在关于客舱安全研究的国际会议上，罗宾逊指出，客舱安全主要包括两个方面：飞行中安全（In-flight Safety）和坠撞后生存（Post-crash Survivability）。飞行中安全包括颠簸、失压、防火及医疗救护；坠撞后生存包括坠撞身体防护、逃生和水上/陆地环境生存。准确定义客舱安全并不容易，可将客舱安全涉及的相关内容归纳为两大类，即客舱安全设计和客舱安全管理。客舱安全设计是在飞机研制期间，通过设计来满足客舱安全要求，具体内容可分为三个方面：①乘员保护，包括飞行中失压、颠簸防护及迫降时的坠撞防护等。②阻燃防火，包括飞行中及地面客舱火警探测、灭火及材料阻燃。③应急撤离，包括陆地和水上应急撤离及相关的设施、设备和方法。客舱安全管理是飞机交付运营后由运营商按照航空安全管理相关规章对客舱安全进行管理，包括旅客行为管理、乘务员/安全员的职责等内容。

（二）客舱安全文化

客舱设施设备故障、火灾、机组管理、晴空颠簸、旅客酗酒闹事等突发事件，具有突然性和不确定性，既难以预测，又需应急响应、高效处置，当事件危及客舱安全时，将不可避免地影响飞行安全。在封闭的客舱空间中，从座椅调节到空防安全，从行李放置到应急撤离，从火灾响应和爆炸物处置到旅客情绪平复等，客舱安全系统涉及面广、突发事件致因种类繁多，可能对航空运输的安全和秩序产生极大的负面影响，客舱乘务组应实时监控客舱突发事件，做好客舱安全管理，保障客舱安全。

客舱安全也被定义为一种文化，即客舱安全文化。客舱安全文化分为四个层次，分别是物质层次、行为层次、制度层次和价值层次。物质层次，是客舱安全文化直观被感知的外在形态；行为层次，是为实现航空安全所采取的措施，是精神文化的行为表现，是制度文化的具体实施；制度层次，包括法律、政令、法规、民航各项标准和制度；价值层次，是人们关于安全的价值观和行为规范。

（三）客舱安全保障措施

按照客舱安全的内涵，乘员防护的客舱安全保障措施主要分为客舱设备设计制造和客舱安全管理两方面。

客舱设备设计制造的安全保障措施涉及连接强度、约束和应急供氧三方面的内容。连接强度主要是从坠撞的角度考虑，保障措施应具备以下作用：①座椅与客舱地板的连接能承受坠撞冲击，在坠撞中座椅的连接不能松脱。②座椅变形不能影响乘员撤离，也不能导致乘员受伤。③客舱中大件物品的连接应能承受坠撞冲击，在坠撞中不能脱落。④行李箱的锁扣应能承受坠撞中行李箱内物件的冲击而不打开。约束主要是指系紧安全带，防止飞行中颠簸及坠撞时乘员受伤。应急供氧则是防止空中客舱失压时乘员因缺氧而受伤的相关措施。

民航既往事故统计显示，飞机迫降后客舱着火是导致人员伤亡的主要因素之一。主要从阻燃防火和应急撤离两方面采取措施，应对客舱着火阻燃防火的客舱安全保障措施主要有客舱材料阻燃、机身（含隔热/隔音层）抗烧穿、火警探测和灭火。应急撤离的客舱安全保障措施主要有应急出口及通道、标记标识、应急设备的安装与使用、安全演示、安全须知卡等。

客舱安全管理的保障措施主要有乘务员/安全员的定期培训、应急设备的使用、应急撤离演示演练等。维护客舱安全不仅需要增强机组人员的安全技能，还需要旅客的支持和配合，提高旅客的安全意识、减少旅客不安全行为，对保障航班安全正常运行至关重要。旅客是客舱安全的参与者和直接受益人，安全意识淡薄会阻碍各项安全规定的落实，甚至会造成惨烈的航空安全事故。"韩亚航空214号班机空难"的事故调查报告表明，在飞机着陆时，因机身尾段断裂，遇难的两名中国女学生由于没有系安全带被弹出客舱，如果当时系好安全带，她们很有可能留在客舱内成为幸存者。

第二节 安全管理体系

近年来，中国民航的运输周转量快速增加，民航作为蕴含高技术、高风险的高度复杂的系统，现有的安全管理水平难以适应其发展，井喷式增长的航空运输需求与较低的管理效能之间的矛盾亟待解决。传统的安全管理保证了航空运行的规范化，对保障安全起到了重要作用，但过于注重人为因素，忽视了系统和组织缺陷对于民航安全可能造成的潜在威胁。民航安全管理理念面临着从事件查处、事态管理向系统管理、风险控制转变的挑战，需要引入新的安全管理模式，即安全管理体系，从系统安全的角度，在法规管理的基础上，将安全方针、组织机构、安全管理程序和内部的监督审核结合起来，通过风险管理的手段，预防事故的发生。

一、安全管理理论

民航安全管理的理论发展大致经历了三个阶段。第一阶段是20世纪70年代前的机械致因理论，这一时期的安全管理主要是对机械设备等"硬件"的改进。随着新工艺、新技术和新材料的采用，硬件设备可靠性大幅提高，航空事故率也随之明显降低。第二阶段是人因研究阶段。20世纪70年代中期开始，航空安全专家注意到，人的失误显然能够击败设计最精良的技术性安全防护手段，人因造成的航空事故取代了机械致因因素，占事故比率上升到70%～80%。民航安全管理开始研究人的失误机理，采用改进人机界面、建立人员培训体制、完善规章和程序、营造良好的安全文化氛围等措施，减少人员出现不安全行为的可能。第三阶段是20世纪90年代，民航安全管理进入安全管理体系（Safety Management System，SMS）时代。民航事故深层原因表明，单独强调某一元素的优化，难以确保系统整体的安全、高效，人是导致事故发生的关系链中的一环，人为因素只是事故调查和预防的着手点而非终点，应从系统安全的角度来处理人—机—环境三大因素。SMS作为民航安全发展的重要成果，在技术创新、组织监管和运营实践的推动下，经历了从结合单一因素制定安全提升策略，到结合系统整体分析安全管理的持续更新迭代，在确保民航安全方面发挥着关键作用。

二、安全管理体系

安全是民航发展的根基，更是全球民航关注的重点议题。安全管理体系最早由加拿大交通部开发，美国联邦航空管理局基本上同步提出安全管理新理念。在国际民航组织相关规则的敦促下，各国逐渐开始对安全管理体系项目的建立和应用开展研究。2006年3月，国际民航组织理事会通过了对《国际民航公约》附件6《航空器运行》的第30次修订，规定从2009年1月1日起，各缔约国应要求其航空运营人实施被该国民航管理机构接受的安全管理体系。

（一）安全管理体系的概念

国际民航组织持续建立国际航行规范和国际民航技术标准，旨在促进全球民航运行的统一、安全和可持续发展。ICAO对安全管理体系的定义是："由组织来管理安全的一种工具，是一种系统管理安全的方法，包括必要的组织结构、职责、方针政策与程序等各个方面的内容。"国际飞行员协会认为，安全管理体系是将航空公司的运行安全和经济效益相结合的先进模式，一直敦促各国航空公司建设安全管理体系，来提高企业经济效益。

ICAO制定了安全管理的指导手册，确立了SMS的标准化实施方案。2021年美国联邦航空管理局细化了航空安全领域建立SMS的要求，强调SMS与质量管理体系（Quality

Management System，QMS）之间的互补性。加拿大交通部发布了《民航安全管理体系评估报告》，强调了实施 SMS 在风险管理、整合运营和技术系统、协调财务和人力资源等确保航空安全方面的重要作用。英国民航局发布了《安全管理体系实施指南》，指导航空运营商、适航管理机构、空中导航服务提供商、机场和培训机构 SMS 的实施，强调安全文化在 SMS 实施中的重要性。近年来，中国民用航空局持续加强对 SMS 的监管，《中华人民共和国安全生产法》《中华人民共和国民用航空法》《民航安全管理体系审核管理办法》《民航安全风险分级管控和隐患排查治理双重预防工作机制管理规定》等相关规章要求建设安全管理体系，建立健全安全生产责任制，持续优化民航安全管理体系的质量和效能，确保民航安全管理的有效性和持续改进。

（二）安全管理体系的目标

安全管理体系融合目标管理、系统管理和风险管理，是系统管理安全的科学模型，在安全政策、目标的指导下，依照闭环管理的原理，查找运行中的危险源，消除其风险可能造成的危害，不断优化运行安全管理过程，实现持续的运行安全。民航运行体系复杂，包括并不限于飞行运行、运行控制、机务维修、客舱安全、地面保障、货运保障等运行系统，实施安全管理体系，遵循系统管理的要求，分析整个运行系统，识别危险源，开展风险分析、评价，采取有效的风险控制措施，并对风险控制措施的实施效果进行监控和反馈，建立自我监督、自我完善的安全管理长效机制，运用结构化的管理体系来控制运行中的风险，实现有把握的安全、可靠的安全和持续的安全。

（三）安全管理体系的总体架构

安全管理体系冲破了传统安全管理局限于事故单一维度的滞后性，转向以系统科学和工程理论为核心，以反应性、主动性和预测性为指导，以内在统一、相互关联和相互促进的整体性问题架构为主体，通过制定安全目标和政策、进行安全风险管理、实施安全保证和促进安全等实践措施，推动安全运营的综合性安全管理体系。安全管理体系以风险管理为核心，包括安全政策、风险管理、安全保证和安全促进四大基本构成要素，又称为安全管理体系的"四大支柱"，如图 1-3 所示。

1. 安全政策

安全政策是建立、实施、考核和改进安全管理体系的纲领性和系统性文件，是建立安全管理体系的基础和前提，反映了航空公司的安全管理理念，为建设安全文化指引方向。安全政策的制定应符合现行法规，明确界定组织内的各项安全责任。安全政策的制定应有以下两个前提：

（1）学习和领悟安全管理体系的精髓。负责安全管理体系建设工作的管理层和具体执行人应该学习各项手册规章，如国际民航组织发布的《安全管理手册》（Doc9859），以及《国际民航公约》附件6《航空器运行》；中国民用航空局发布的建设安全管理体系的指导意见、指南和咨询通告，包括《关于航空运营人安全管理体系的要求》《航空公司安全管理系统实施计划方案》《航空公司安全管理系统培训手册》等；学习美国飞行员协会、加拿大交通部等建设安全管理体系的做法和经验。领悟各方在安全管理体系理念上的共同点，比较各方在组成要素方面的差异，根据自身情况，选择最适合的个性化安全管理体系内容。

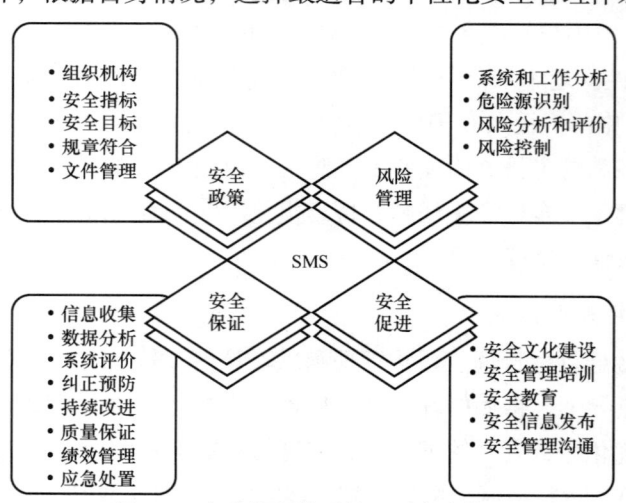

图 1-3　安全管理体系的"四大支柱"

（2）开展有效的安全调查。安全管理体系是综合管理体系，安全调查是主动安全管理的行为之一。建设项目必须经过严谨的调查，因地制宜地建设适合自身状况的安全管理体系。在中国民用航空局或第三方专家的指导下，对安全管理现状、运行现状、规章制度的完善程度、职责部门的执行力等进行调查，从中发现与安全管理体系要求存在的差距、待改进的重点环节，为安全管理体系安全政策的制定提供依据。

2. 风险管理

风险管理是安全管理体系的核心，事关建设项目的成败。安全管理体系具有风险管理功能，包括系统和工作分析、危险源识别、风险分析和评价、风险控制等环节，通过风险管理机制，对运行系统和工作流程开展分析，及时识别危险源，进行风险分析和评估，制定有效的风险控制措施，持续实施跟踪，将风险控制在可接受的范围内，规避或处置风险。

（1）系统和工作分析。风险管理机制建立初期，应进行系统初始分析。内外部环境发生重大变化、现有系统组织机构发生变化、产生新的作业或程序时，要进行系统和工作分析，每年一次（周期不超过 12 个月）。航空公司要建立航空安全信息报告制度和相关程序，按规定向民航当局上报有关航空安全情况和安全信息，包括按《民用航空安全信息管理规定》（CCAR-396 部）要求的时限上报事故信息、严重事故征候信息、一般事故征候信息和其他不安全事件信息等；72 小时内报告运行中出现的飞行机组成员、维修及其他运行控制人员发生的人为差错等信息，向各运行单位通报航空安全信息，建立航空安全信息反馈监控机制，要求全体运行人员必须按规定上报航空安全信息，任何人不得瞒报、晚报、谎报航空安全信息。对于主动报告不安全事件的相关责任人，将减免相应的处罚。

（2）危险源识别。当出现以下情况时，应进行危险源识别：发生不安全事件时；内部审核、局方安全运行检查、第三方审核、管理评审等发现不合格项或安全隐患时；建立新的项目、工作及重大活动（如新增维修项目、新开航线等）时；工作程序、人员、环境、设备发生变化时；不安全事件或安全违规事件出现增长趋势时；存在任何与现行规章有差异的情况时；上级通报不安全信息时。

危险源识别是根据工作分析结果，在安全保证提出的要求下，识别生产运行过程中存在的危险源、原因及潜在后果，是风险分析和评价的基础。民航应建立和保持有效的危险源识别程序，系统地、持续地进行危险源识别。根据危险源识别结果，各部门负责编制危险源清单，在进行后续的风险管理工作之前，责任单位应采取缓解现有风险的临时应急措施，临时应急措施不受风险管理固有流程的限制，在正式的风险控制措施生效之前持续有效。

（3）风险分析和评价。民航安全管理体系通常采用风险矩阵法实施风险评价，对照定性和定量的标准，对危险源产生后果的可能性和严重性进行评判，确定风险等级和可接受程度。风险矩阵法以项目风险造成后果的严重性级别和可能性级别为坐标轴组成矩阵，坐标轴分别对应危险源的可能性级别和严重性程度，在矩阵中综合分析得到该危险源的风险等级，为制定风险控制措施提供数据。

通过信息系统，模拟风险控制专家的经验体系，从机组、飞机、环境要素三个主要方面，自动快速识别系统运行中的风险源，进行量化评价，作为运行人员决策的参考，便于及早识别风险源，建立风险意识与情景意识，制定风险预案，按风险等级进行风险控制。

（4）风险控制。风险控制系统通过在线收集、邮箱反馈及员工报告等途径建立反馈沟通机制，用户在收到风险分值提示或查看风险报告时，可直接在线或通过邮件递交反馈意见；系统可在后台对反馈信息进行评估与甄别，采纳有价值的建议，完善和改进系统，使风险管理过程形成闭环。

经评估，如果风险达不到预期可接受程度，就需要制定、执行恰当的风险应对措施，将风险降至尽可能低的水平，减少风险给运行系统带来的不良后果。制定风险应对措施需考虑导致风险产生的因素，通过修改一个或多个因素来降低风险发生的概率或严重后果。一般风险应对措施有工程措施、控制措施和人事措施等。工程措施是采取安全措施排除风险；控制措施是采取安全措施接受风险，调整系统将风险降低到可以管理的水平，缓解风险；人事措施是通过增设警告、修订规程、额外培训等措施指导员工处置风险。

风险管理过程始于对项目进行初始的危险源识别，进行风险分析评价，针对评价结果，制定相应的风险控制措施，处理安全事故或事故征候，将项目风险降到可接受的水平，此时安全保证功能开始发挥系统效用，确保持续实施风险控制措施。安全保证功能还有持续评估作用，当运行环境发生变化时，系统判断是否需要新的控制措施，如有需要，再次启动风险控制。

3. 安全保证

安全管理体系具有安全保证功能，即对事件调查、内部评估、持续监控、报告反馈等安全监管过程获得的信息，进行分析评价，落实纠正措施，主要包括信息获取、信息分析、系统评价与预防、纠正措施等环节。安全保证是安全管理体系的核心功能之一，根据外部形势变化和运行现状，所收集的信息包括运行过程持续监控信息、安全运行审计与审核信息、航空不安全事件信息、员工安全报告信息等，对运行系统实施定期或不定期的评价，通过运行安全的闭环管理，适时调节偏离运行安全目标的状态，确保持续实施风险控制措施并在不断变化的环境中持续有效，持续完善安全管理体系。

4. 安全促进

安全促进是通过安全文化、获知与沟通、人员能力要求、培训、安全经验教训等方面的工作，加强人员的安全意识、责任意识和使命意识，通过系统培训和教育，提升员工对安全管理目标的认同，从而实现安全目标。安全促进的主要内容是安全文化建设、安全管理培训、安全教育、安全信息发布和安全管理沟通等，为安全管理体系的有效运行提供了团队支持。建立良好的安全文化是安全促进的核心功能，注重塑造和培养从业人员的安全意识、安全行为和安全价值观，通过培育积极、公正、和谐的安全文化，分享安全信息，加强安全沟通，开展安全培训等方式，逐步提高从业人员的安全意识、技能和知识水平，使他们更好地理解和遵守SMS实施过程中的规定和要求，形成全员凝聚共识的安全管理格局，改善组织的安全绩效。

安全管理体系建设通过安全促进来培育公正、健康的安全文化，构建和谐、公开的沟通文化目标，贯彻安全管理理念，提高民航安全管理水平。安全文化是航空公司安全项目建设的根基，有助于员工转变思想，自愿地、积极地参与到企业的安全管理中，使科学的安全管理理念真正融入公司各个部门。根据公司的安全政策、安全承诺和安全方针，对公司安全文化建设工作的方案作出规划；明确安全文化建设工作各个阶段完成的任务，持续监控安全文化的执行和提高，随时作出修订。

安全培训是将国家、行业的法规和要求及公司安全政策、风险管理案例、安全和安全管理体系的文献、教育、研讨等信息通过培训的形式，传达给每一位与运行相关的人员。安全培训的主要作用是使安全运行人员了解公司建设安全管理体系的目的、意义及该系统的理念、原理和功能，以此保障系统的顺利建设实施，保障公司运行安全，提高经济效益。

当前，全球民航运力持续上升，安全压力激增，对SMS建立和运行中技术的先进性、信息系统的融合性、实施的协同性等方面提出了更高要求。SMS建设既是国际民航组织对签约国的一项基本要求，也是中国民航建设多领域民航强国的必由之路，是中国民航实现持续安全、提高安全管理水平的有效促进手段，对民航提升安全管理水平有重大的理论意义。

三、中国民航推行安全管理体系的历程

回首中国民航发展历程，安全管理大致经历了摸索管理阶段、经验管理阶段和规章管

理阶段，特定阶段形成了特定条件下的安全管理思路和方法。在摸索管理阶段，民航基础差、底子薄，只能是采用"飞飞整整，整整飞飞"，要求"干中学，学中干"，强调"人盯人"的管理模式。在经验管理阶段，民航强调安全管理经验的总结和推广，如1992年提出的"八该一反对"、1994年提出的"四不放过"，都是颇具影响的安全工作实践经验。在规章管理阶段，民航安全法律法规不断健全，安全运行手册持续完善，安全监管工作不断强化，安全管理的思路和方法更趋科学。

中国民航开展安全管理体系的研究始于2005年3月，加拿大交通部到访中国民用航空局，介绍了加拿大开展SMS的情况和理念，帮助中国民航建立SMS，拉开了中国民航开展SMS研究的序幕。2006年，中国民用航空局将安全管理体系建设确立为民航安全"十一五"规划的重点工作之一，飞标司负责航空公司，航空安全办公室负责总体协调。中国民用航空局整合各方力量，深入研究国际民航组织SMS相关的内涵和要求，向全民航宣传SMS的理念；编写差异指南材料和指导手册，开展相关培训；选择海南航空公司和深圳航空公司作为建设安全管理体系的试点单位。2007年3月，中国民用航空局颁发了《关于中国民航实施安全管理体系建设的通知》，在全行业开展安全管理系统总体框架、系统要素和实施指南等相关知识的培训；10月正式印发了《中国民航安全管理体系建设总体实施方案》。

2007年11月，中国民用航空局飞行标准司根据安全管理体系的建设要求对《大型飞机公共航空运输承运人运行合格审定规则》（CCAR-121部）作相应修订，增加要求航空运营人建立安全管理体系、设立安全总监等条款；同时，下发了相应的咨询通告《关于航空运营人安全管理体系的要求》，并就CCAR-121部修订内容和咨询通告征求各航空公司意见。2010年是安全管理体系的"全面实施年"，要求航空公司要重点抓好安全质量管理系统、主动报告机制、飞行数据译码分析系统和风险评估系统的建设。

国内航空公司在SMS建设的过程中摸索出了很多有益的实践经验，按照SMS的建设要求搭建了安全管理体系框架，较为完整地建立了SMS的管理要素。航空公司及各运行部门均设立了安全管理组织机构，颁布了安全管理相关制度程序，基本能够按照职责和手册规定开展安全管理工作。航空公司及各级安全管理活动能够有意识地建立以主动风险管理为核心的管理机制，能够从日常安全管理活动的一些偏差中识别和管控风险。总体而言，航空公司已经完成了SMS的框架搭建工作，SMS建设的总体目标已经转为不断提升SMS的成熟度及更好地发挥SMS的效能。

第三节　客舱安全管理概述

随着世界经济发展的突飞猛进，各国综合国力显著提升，互动交流越来越深入，民航的机队数量明显增加，人们对乘机出行的安全性、快捷性和舒适性等方面的要求越来越高。民航运输是高科技装备、高投入、高风险行业，民航运输事故具有突发性、国际性、舆论关注度高和一次死亡率高等特点，一旦发生安全事故将严重影响民众乘机出行的信心，直接给人民的生命财产造成重大损失，势必影响全球民航业乃至社会经济的健康协调发展。民航安全从技术时代、人因时代演变到组织机构时代，历经无数逝者惨痛生命代价总结的教训，逐步迈进到我们称之为"超级安全的时代"。相比其他运输载体，飞机的安全与可靠性已近乎完美，但是人类对于安全的追求和渴望永不停息且越发苛刻。

中国民航对客舱安全管理高度重视，不断加强客舱安全监管体系建设，出台了系列法规。2012年10月16日，民航局正式颁发了《关于加强客舱安全管理工作的意见》（民航发〔2012〕96号），该文件明确指出，履行安全职责、保障客舱安全是机组人员的首要任务。2015年8月14日，民航局发布《关于进一步加强客舱安全工作的紧急通知》，该文件规定，客舱工作的第一要务是保证旅客人身安全。2024年8月28日，民航局发布了《民航局关于进一步加强和改进新时期客舱安全管理工作的意见》（民航发〔2024〕30号）（原民航发〔2012〕96号废止），该文件指出，要充分认识客舱安全管理的重要性，完善体系建设和责任落实。

一、客舱安全运行规则

坚持"安全第一、预防为主、综合治理"的方针，以"敬畏生命、敬畏规章、敬畏职责"为内核，践行以人为本、遵纪守法、诚实守信、追求安全、绝不妥协的价值观和行为准则。

"安全第一"是航空公司经营管理的价值观，具体表现为在经营管理的优先排序或平衡政策上坚持"安全第一"的指导思想，正确处理安全与发展、安全与效益、安全与运行、安全与服务的关系。

客舱乘务员的主要职责是保证客舱安全，航空公司制定的服务程序、旅客的投诉意见管理办法等相关规章，不得影响客舱乘务员履行安全职责。

（一）客舱乘务员机型数量限制

客舱乘务员所服务的机型数量应当不超过3种；如果公司所运行的机型中有2种机型在安全设备和操作程序上相似，经中国民用航空局批准后可以增加至4种。

（二）飞机舱门的关闭和开启

1. 飞机舱门的关闭

当飞机舱门处于打开状态时，此门通常被认为是主应急出口。在关闭舱门以前，客舱乘务员应完成下述工作。

（1）客舱乘务员。所有旅客已登机，与地面工作人员确认旅客登机数与舱单上的旅客数相符；所携带行李都已收放好；应急出口座位处旅客的符合性已评估确认。

（2）客舱经理/乘务长。所有人员已登机（包括旅客、机组人员和随机工作人员等），无关人员已下机；规定的文件都已送上飞机，做好关闭舱门准备后，应向机长报告，经机长同意后方可关舱门；所有舱门关闭后，发布机门滑梯待命指令，完成机门滑梯待命操作后，通过内话与责任乘务员逐一确认所有机门滑梯已待命，确保一旦发生应急撤离，所有可以利用的应急出口都能使用；完成客舱机门滑梯待命情况的确认后，应报告机长所有舱门已关好，并与机长确认机门滑梯待命情况。

机长应确认所有舱门关闭与机门滑梯待命情况。出现不正常的舱门状态时，机长有责任要求客舱经理/乘务长将舱门调至待命状态。

2. 飞机舱门的开启

航班抵达后舱门的开启。待飞机已完全停靠至停机位，安全带信号灯熄灭后，客舱经理/乘务长通过客舱广播发布解除机门滑梯待命的指令；责任乘务员按照客舱经理/乘务长的指令及"两人制"的操作要求，解除机门滑梯待命，并进行相互确认；客舱经理/乘务长通过内话与责任乘务员进行逐一确认，确认所有机门滑梯已经解除待命；客舱经理/乘务长与机长确认所有机门滑梯已解除待命（驾驶舱无滑梯待命/非待命状态显示的机型除外），请示是否可以开门；机长在确认机门已解除待命后，向客舱经理/乘务长发出可以开门指令；得到机长可以开门指令后，用"旅客广播（Passenger Address，PA）"向客舱广播"所有机门已解除待命，可以开门"；责任乘务员必须在得到机外工作人员给出可以开门的提示后，确保舱门内、外均已安全后，按"两人制"的要求开启机门。

（三）客舱内物品的存放与固定

客舱内的大件物品，包括但不限于厨房内每项设备、停用的服务车及每件装在客舱的行李，应能够承受该飞机型号合格审定应急着陆状态的载荷系数下的载荷，不至于因移动而造成危害。客舱内非托运行李和占座行李应妥善存放和固定。

客舱内服务设施的固定：当旅客座位上放有公司提供的食品、饮料或者餐具时，在每个旅客的食品和饮料盘及每个椅背餐桌均被固定在其收藏位置之前，在每个餐车被固定在其收藏位置之前，在每个可以伸展至过道的电影屏幕被收上之前，任何人不得使飞机在地面移动、起飞或着陆。每位旅客均应当遵守机组成员提出的要求。

（四）客舱安全检查

飞机滑/推出后，客舱乘务员应根据航空公司客舱乘务员手册的要求，尽快完成起飞前安全检查。客舱完成起飞前各项准备工作后，可通过按压"CABIN READY"键报告机长客舱完成起飞前准备；对于无"CABIN READY"键的机型，客舱经理/乘务长应通过内话系统或机组协同准备会上制定的方式，向飞行机组报告客舱完成准备。

进入跑道前，飞行机组使用连续 2 次接通"系好安全带"提示灯的方式通知客舱飞机即将起飞。当客舱接收到飞机即将起飞的信息，还未完成客舱准备时，应使用内话通知飞行机组，并告知需要完成准备的时间。

客舱机组应根据飞行机组提供的预计着陆时间，提前做好下降前的客舱安全检查工作，并在着陆前 30 分钟归位入座，系好安全带。着陆前 30 分钟或处于下降顶点时（以先到者为准），飞行机组也会通过"PA"向客舱广播"客舱请完成下降准备"（Cabin be ready for descent），以此作为提示口令，提醒客舱机组完成下降准备。客舱经理/乘务长收到提示口令后，在确认客舱已完成下降前准备后，通过"CABIN READY"键、内话系统或机组准备会制定的方式向飞行机组报告。

（五）禁烟规定

所有航班为禁烟航班，任何人不得在飞机上吸烟（包括电子烟）。机上乘员不得在厕所内吸烟，不得触动、损害或者破坏飞机厕所内安装的烟雾探测器；在航班运行期间，"禁止吸烟"提示灯应当始终被接通；旅客应当遵守机组成员为禁止吸烟而发出的指令。

（六）安全带的使用

在飞机起飞和降落的关键阶段，超过 2 周岁的旅客都必须有单独的座位和安全带；2 周岁以下的儿童可由成年人抱着，或被 1 根专用的婴儿安全带固定在 1 名成年人的安全带上，也可乘坐并被固定在儿童固定装置中，但客舱乘务员应当确保：该儿童固定装置可以被座椅安全带（如必要，使用加长安全带）紧密固定在飞机座椅上；在起飞、着陆和地面移动期间，不得使用助力式儿童限制装置、马甲式儿童限制装置、背带式儿童限制装置和抱膝式儿童限制装置。

当"系好安全带"提示灯亮时，旅客应当系好安全带，并保持系紧状态。飞机在平稳气流中巡航时，飞行机组应关闭"系好安全带"提示灯。但在下列情况下，"系好安全带"提示灯必须接通，同时每位旅客应在自己座位上坐好并系好安全带：①飞机处于推出或滑行的过程中。②飞机处于起飞和起飞后的最初爬升阶段（起飞及其后 20 分钟）。③当飞行进入预报的颠簸区域时，乘务员应按照如下程序操作，当客舱乘务员接收到接通 1 次"系好安全带"提示灯，即轻度颠簸信号时，应做规定的客舱广播或信息提示，进入客舱内检查旅客是否系好安全带，继续小心服务或视具体情况暂停服务；当客舱乘务员接收到连续 2 次接通"系好安全带"提示灯，即中度及中度以上颠簸信号时，应对客舱进行广播，要求机上人员系好安全带。此时乘务员应立即暂停服务，就地固定身体和餐车，可视情况将客舱中的餐车推回服务舱固定。④飞机进入下降阶段（通常为落地前 30 分钟）。⑤在机长认为必要的时候。

客舱机组专用座位必须配有安全带和肩带，在起飞和降落时，机组成员应系好安全带和肩带。当客舱机组离开专用座位时，应将该座位上的安全带和肩带收起并固定好。

（七）旅客广播

在客舱进行旅客广播时应遵循以下指引：①客舱乘务员应向旅客提供类似航路、飞行时间、预计的航路天气情况、目的地的天气情况和预计到达时间等信息的广播，对于其他信息，如旅客关心的话题、目的地简介等可视航班性质进行广播；②飞机进入"飞行关键阶段"时，客舱乘务员对旅客广播，应限于与飞机运行和安全有关的内容；③当发生地面延误、空中等待、备降等不正常情况时，应广播通知旅客；④飞机因维修原因延误，机务人员应及时评估确定预计的修理时间并告知机组，以便于及时向旅客广播；⑤当许多旅客入睡时，广播应限于与运行安全有关的内容；⑥当无法听到广播或内话系统出现故障时，机长应立即与客舱经理/乘务长沟通，建立驾驶舱与客舱间的特定联络方案。

（八）应急设备

客舱内的应急设备安装在易于取用的位置，应具有清楚的标识、标记和中文使用说明。客舱乘务员登机后，必须按照《客舱安全设备检查单》的要求对所有应急设备进行检查，检查设备的有效性和可操作性；在运行过程中，客舱乘务员必须确保所有的应急设备处于易于取用的状态；当客舱乘务员使用了应急设备，或发现设备故障/缺陷后，应在第一时间报告机长，报告内容包括但不限于使用的数量、剩余可用的数量及故障/缺陷的主要情况等。

二、旅客管理

（一）拒绝承运旅客的情况

当旅客在登机过程中或在客舱内出现下列状态或情形，客舱经理/乘务长应立即向机长报告，机长有权拒绝运输该旅客及其行李，并要求地面人员进行处理：①疑似处在酒精和药物的作用影响下；②有扰乱行为；③有非法干扰行为；④患有精神疾病，可能影响机上人员或自伤；⑤拒绝提供有效证明；⑥严重破坏客舱秩序、行为异常、可能存在攻击性或危及飞行安全的旅客；⑦机长认为任何可能影响飞行安全或正常运行的旅客。

（二）旅客行李

旅客行李包括旅客的托运行李和非托运行李。飞机起飞、下降时，禁止在旅客出口或应急出口和通道上放置行李、物品；旅客非托运行李应放置在客舱合适的隔间内，其堆放高度不能阻碍后排旅客看到"系好安全带"提示灯、"禁止吸烟"提示灯及"出口"指示灯，并应用安全带系扎妥当；或放在旅客座椅下面的行李挡杆内；关闭旅客登机门前，客舱乘务员应确认全部旅客的非托运行李按规定位置安放妥当。

（三）机上酒精饮料的限制

客舱乘务员可视旅客状态报告客舱经理/乘务长后，有权不提供或不持续提供含酒精的饮料。在飞机上不得向下列人员提供含酒精的饮料：①表现为醉酒状态的人员；②押解人员或被押解人员、被遣返人员；③授权携带武器登上飞机的人员；④18岁以下的未成年人。除航空公司供应的含酒精饮料外，旅客不得在飞机上饮用其他含酒精的饮料。航班飞行中，由处于醉酒状态的旅客引起骚扰情况时，应立即报告机长，由机长或机长授权人员当场制止，并采取必要的管束措施。客舱经理/乘务长填写《机上事件报告单》，并上交所在运行单位；所在运行单位在事件发生后3日内将《机上事件报告单》交安全监察部门；安全监察部门在事发后5日内报告局方。

（四）出口座位

客舱乘务员必须确保在出口座位就座的旅客符合航空公司对出口座位旅客的要求，旅客应遵守航空公司关于出口座位的相关规定，当旅客不符合出口座位的要求，或该旅客不愿意履行相应义务时；旅客登机后，客舱乘务员应将该旅客重新安排到合适的非出口座位；如果无法为其重新安排合适的非出口座位，经机长同意可拒绝运输该旅客；如果飞机处于滑行中，客舱经理/乘务长应将此情况报告机长，由机长决定是否返回停机位；为防止旅客受伤或引起不便，客舱经理/乘务长应与驾驶舱保持联系，等飞机完全停稳后才能调换旅客座位。

（五）旅客安全简介

在每一航段起飞前，客舱乘务员必须向全体旅客介绍安全的相关规则和要求。客舱乘务员可通过人工演示或播放录像的形式向旅客进行安全介绍：①禁止吸烟的规定及禁止在厕所内损害烟雾探测器的规定；②在起飞与着陆期间，不得使用电子装置的要求；③安全带的使用方法，包括如何系好和松开安全带；④氧气面罩的位置和使用；⑤应急漂浮设备的位置与使用；⑥应急出口位置及其引导标志和灯光；⑦禁止或限制在机上使用便携式电子设备的规定；⑧广播告知旅客，即使"系好安全带"提示灯熄灭时，在座位上仍应当继续系好安全带。

起飞前，客舱乘务员应对在紧急情况下需由他人协助方能迅速移动到出口的旅客进行单独介绍：在应急情况下通往每一适当出口的通道及开始撤往出口的最佳时机；征询帮助该旅客的最适宜方式，以避免使其痛苦和进一步受伤。

每个旅客座位上应配备中文印制的安全须知卡，以补充口头简介，该卡片只适用该次飞行所用的机型。安全须知卡应当包括以下内容：应急出口的示意图和使用方法；使用应急设备的其他必要说明。当飞机遇到紧急情况决定迫降前，客舱乘务员应根据"陆地/水上迫降准备"简令卡逐项进行，向旅客介绍救生衣的使用、防冲击安全姿势、出口位置指示等。

（六）便携式电子设备

1. 便携式电子设备（Portable Electronic Devices，PED）

便携式电子设备泛指可随身携带的、以电力为能源并能够手持的电子设备，如笔记本电脑、平板电脑、电子书、手机、视频播放器和电子游戏机等。

2. PED 的使用规范

从飞机为开始飞行而进入跑道时刻起，至结束飞行滑出跑道时刻止（空中），禁止打开使用 PED 的蜂窝移动通信功能（语音和数据），使用 PED 时禁止外放声音。安装了 Wi-Fi 功能的飞机，可以使用 Wi-Fi 功能；未安装 Wi-Fi 功能的飞机，不可以使用 Wi-Fi 功能；蓝牙、紫蜂等低发射功率的 PED 可以全程开启。全程禁止使用锂电池移动电源（充电宝）为 PED 充电，禁止为充电宝充电。

（1）空中可用 PED 的飞行阶段及种类/尺寸。飞行中允许使用的 PED，包括但不限于：小型 PED 设备（长、宽、高三边之和小于/等于 42cm），如具有飞行模式的移动电话（智能手机）、电子阅读器、平板电脑（iPad）等，在空中应打开飞行模式，且在飞机滑行、起飞、下降和着陆等飞行关键阶段不允许连接配件（如耳机、充电线）；便携式录音机；电动剃须刀；助听器；不影响飞机导航和通信系统的用于维持生命的电子设备和装置，心脏起搏器等。

（2）空中限制使用 PED 的飞行阶段及种类/尺寸。大型 PED 设备（长、宽、高三边之和大于 42cm），如手提电脑等，在飞机滑行、起飞、下降和着陆等飞行关键阶段禁止使用，在巡航阶段允许使用。

（3）空中禁止使用 PED 的飞行阶段及种类/尺寸。不具备飞行模式功能的移动电话，包括有电话功能的手表，以及移动 Wi-Fi（通过蜂窝移动通信功能进行语音和数据通信的设备）等；对讲机；遥控玩具及其他带遥控装置的电子设备。

3. PED 的存放/保管要求

大型 PED（长、宽、高三边之和大于 42cm），如便携式电脑等，应被安全存放，不至于在飞机颠簸、冲击和应急撤离等情况下发生危险；小型 PED（长、宽、高三边之和小于/等于 42cm），如具有飞行模式的移动电话（智能手机）、电子阅读器、iPad 等，有合适的固定方式即可（如放置在座椅口袋内、旅客手持等）；PED 配件（如耳机、充电线等）在飞机滑行、起飞、下降和着陆等飞行关键阶段应被安全存放，不能妨碍紧急情况下的应急撤离；应尽量引导旅客避免在有可能导致本人或周边旅客受到伤害的不恰当时间点离开座位（如在 PED 未进行固定的情况下离开座位，PED 无人看管的情况下进行充电等）；应尽量引导旅客避免在有可能导致本人或周边旅客受到伤害的不恰当时间点往行李架上存放个人物品（如存放物品时避免行李从行李架跌落等）；放置在随身携带行李及行李架中的 PED 应关闭电源。

4. PED 运行管理

航前准备阶段，飞行机组和客舱机组应明确 PED 应急处置预案；在实施低能见度飞行前或发现存在电子干扰并怀疑干扰来自机上人员使用的 PED 时，飞行机组通知客舱机组要求关闭所有 PED 电源，对于拒不执行机组指令的人员，在飞机降落后将其移交地面公安机关；当驾驶舱或客舱发现 PED 或其电池冒烟或着火等紧急情况时，按照航空公司运行手册或各机型快速查询手册或客舱乘务员手册进行处置；客舱乘务员应向违规使用 PED（如未将 PED 设置为飞行模式、使用 PED 音响制造噪声影响其他旅客等）的人员进行劝阻，对拒不配合的人员，按照航空公司航空保卫的规定处置；对于疑似干扰（无论偶发性或间歇性）飞机系统的 PED 事件，带班乘务长应填写《机上事件报告单》，按事件报告流程操作，经航空公司运管部门上报局方的主任运行监察员，报告内容包括但不限于事件发生时间、飞机注册号、飞行阶段、对飞机的影响、采取的措施、可疑的 PED 类别及所处位置等信息。

（七）旅客使用氧气的规定

飞机客舱使用的氧气来自氧气发生器或氧气瓶，发生紧急情况时，氧气面罩会自动脱落。氧气面罩自动脱落时的座舱高度约为 4200 米（14 000 英尺），持续供氧时间为 12 至

22分钟；高原型飞机至少能提供55分钟的纯氧气。

飞机上装备的应急氧气瓶仅供紧急情况时使用。旅客乘坐飞机需使用氧气时，必须在订座时提出申请，并提供有关经审核符合运送条件的证明，按相关规定由航空公司提供符合要求的氧气设备（氧气瓶、面罩和鼻插管等）给旅客使用，如果旅客自备氧气面罩或鼻插管可接驳公司的氧气瓶，旅客自带的氧气面罩或插管可以使用。为用氧旅客配置上机的氧气设备必须在机上能被固定并适合存放，该设备的存放不应妨碍机组人员接近和使用机上任何应急设备和出口。旅客自备的氧气设备（氧气瓶和氧气包）一律不准在飞机上使用，但氧气瓶可在无压力时作为行李办理托运。

（八）特殊旅客

对特殊旅客的服务一般应遵循以下原则：应重点关注对特殊旅客的服务；严格遵循操作程序；飞行机组应将事先未经协调的特殊旅客信息通知沿线航站。

（九）旅客在飞机未起飞前要求下飞机的处理

旅客在飞机未起飞前要求下飞机，客舱乘务员应询问该旅客是否为中转旅客、是否有托运行李，并将相关信息报告机长，由机长通知地面工作人员上机进行处理；该旅客必须将随身行李全部带下飞机，如有托运行李的，必须按照行李标签将行李取出，将行李放到远离飞机和人群的地方进行隔离；此类行李应由旅客亲自确认，经开包检查验证无误后，交还给旅客本人；该旅客下飞机后，机组必须对该旅客座位及其周围区域进行严格的清舱。

（十）航班延误时的处理

当有航班延误情况发生时，客舱乘务员应与飞行机组保持沟通，根据延误发生的原因，及时了解、广播航班信息，耐心做好解释工作，以主动、规范的服务维护航空公司的声誉，保护旅客的正当权益。航班发生延误时，客舱乘务员要坚持安全第一的原则，重点保障特殊旅客，尤其是重要旅客。

三、客舱不正常情况管理

客舱不正常情况包括客舱秩序不正常和旅客/机组人员突发疾病或人身伤亡。

（一）客舱秩序不正常

1. 客舱秩序不正常的情况

客舱秩序不正常包括但不限于下列情况：强行登（占）、拦截飞机；冲闯飞机驾驶舱；对机组人员实施人身攻击或威胁实施此类攻击；盗窃、故意损坏或者擅自移动救生物品等航空设施设备，或强行打开应急舱门；妨碍机组人员履行职责；在使用中的飞机内使用可能影响导航系统正常功能的电子设备；抢占座位、行李舱（架）；吸烟（含电子烟）、使用火种；打架、酗酒、寻衅滋事；盗窃或遗失；飞行过程中发现危险品疑似破损或泄漏等；服务过程中发生因食用机上食品造成旅客身体不适或财物受损；不按指定座位入座等拒不听从机组指令，扰乱客舱秩序的行为；危及飞行安全和扰乱飞机内秩序的其他行为。

2. 客舱秩序不正常的处置

管理和维持客舱秩序是飞行机组、客舱乘务员、安全员及地面服务工作人员的共同职责，相关人员应积极协同和配合。当机上发生客舱秩序不正常情况时，客舱经理/乘务长应及时报告机长，在机长的统一指挥下，协同安全员，以确保飞机、旅客和机组人员的安全为原则，立即处置，维持客舱秩序。

（1）机上发生旅客不按指定座位入座等扰乱客舱秩序的行为。客舱乘务员应及时进行处置，主动劝阻和引导；对不听从乘务员劝阻和引导的，乘务员应报告机长，同时通知安全员，安全员应及时介入、果断处置；对旅客拒不听从机组指令（不听从安全员劝告）等严重破坏客舱秩序的行为，安全员应及时报告机长，可视为旅客违反航空公司安全规定，航空公司有权拒绝承运，由机长通知地面工作人员中止其行程，同时机组人员做好取证工作，填写《机上事件报告单》。

（2）机上发生扰乱行为。客舱乘务员应协同安全员予以制止，制止无效的，应采取约束性措施予以管束。

（3）机上发生非法干扰、违法行为。客舱乘务员应协同安全员及时采取制止、管束、制服措施。落地前，由飞行机组通知地面，到达后移交公安机关。

3. 填写《机上事件报告单》

应完整填写《机上事件报告单》，填写内容包括：了解事情经过的2位旅客的证词；作证旅客的详细信息，特别是旅客的地址和电话；作证旅客对事件经过的认可签字；机长对客舱机组采取措施的认可签字。

客舱经理/乘务长应于航班结束后及时向客舱部值班领导汇报事件情况，并将《机上事件报告单》交至所在运行单位客舱管理部门。

（二）旅客、机组成员突发疾病或出现人身伤亡

1. 突发疾病或人身伤亡的情况

在飞行中的飞机内，旅客、机组成员突然发生疾病并有不断加重的情形，或造成人身伤亡的情况。

2. 突发疾病或人身伤亡的处置

（1）飞行中旅客、机组成员突发疾病或突发事件造成旅客、机组成员受伤、死亡时，客舱乘务员应立即采取基本急救措施。

（2）报告机长并给出旅客的以下信息：姓名、地址、性别和年龄；目的地；着陆后需要医务帮助的种类；症状；生命体征。

（3）填写《紧急医学事件报告单》。客舱乘务员使用机上配备的急救箱、应急医疗箱（除体温计、血压计外）中的药品时，需同时填写《紧急医学事件报告单》，记录事件发生的时间、航班航段、事件具体情况、涉及人员和处置过程等信息。

（4）航卫部门应按要求向中国民用航空局报告机上紧急医学事件，并对《紧急医学事件报告单》进行存档，保存至少 24 个月。

国际航班入境时，如有来自检疫传染病疫区（目前国家规定的检疫传染病为鼠疫、霍乱、黄热病及埃博拉出血热）的航班、飞机上发现检疫传染病疫情或疑似疫情、非因意外伤害而死亡的人员或其他病因不明的病人、死亡宠物或来源不明的活动物和媒介生物、装载活动物（旅客携带、托运宠物犬、猫除外）的情况，客舱经理/乘务长应将情况报告机长。在飞机抵港前 30 分钟，由机长向公司相关部门报告，报告内容包括飞机识别代码、预计到达时间、出发站、经停站、旅客人数及发现情况。飞机落地后根据检验检疫机构要求，引导飞机停靠在指定位置，任何工作人员不得擅自进行打开舱门、上下客和装卸行李或货物等操作，需由检验检疫机构完成登机检疫并得到其允许后方能进行，同时应做好对旅客的宣传、解释工作，避免不必要的矛盾和冲突。

 案例阅读

阿罗哈航空 243 号航班机体破损事件

1988 年 4 月 28 日，晴空万里，阿罗哈航空 243 号班机，编号 N73711 的波音 737-200 型飞机，于当地时间 13 点 25 分从希洛国际机场起飞，目的地是美国夏威夷的檀香山。机上共有 89 名旅客和 5 名机组人员。13 点 48 分，飞机爬升到 7300 米的高空中，机体前端左边的一小块天花板突然爆裂，飞机发生爆炸性失压，头等舱部位的上半部外壳完全破损，机头与机身随时有分离解体的危险。

机长罗伯特·舜施泰莫和副机长马德林·汤普健斯经验丰富，分工操作。汤普健斯立即联络卡富鲁伊机场，说明情况并要求紧急降落。

飞机上所有旅客都被吓坏了，唯一能做的就是听从空乘人员的安排和指示。客舱失压的瞬间，乘务长克拉拉贝尔·兰辛站在第 5 排座位的位置，正要回收旅客的杯子，还来不及反应就已经被气流扯进机体的破洞，被抛到 7000 米的高空，不到 2 分钟就跌落地面，成了整架飞机唯一遇难的人。乘务员米歇尔·本田当时站在第 15 和 16 排之间，被猛烈地抛向机舱地板，她又慢慢地爬到了机舱前排。让人感到意外的是，她不仅没有顾及自身安全，还极力安抚身边的旅客，告诉他们保持冷静。另一位站在前排的乘务员珍·佐藤·富田被飞机上脱落下来的残骸击中，也被抛到地板上，其他旅客紧紧拉住她，才使她侥幸逃过一劫。

飞机于当地时间 13 点 58 分奇迹般地在茂宜岛的卡富鲁伊机场 02 跑道安全迫降。客机机体严重损毁，导致 65 名旅客受伤，7 人重伤，1 人遇难。

美国国家交通安全运输委员会随即展开全面调查，调查结果显示，飞机机体裂缝氧化导致金属疲劳，最终引发了这起空难事件。值得一提的是，当时有位旅客在登机时发现机身有裂痕，认为可能会构成危险，但遗憾的是，他并没有将这一消息告知机组人员。

本章小结

（1）安全是通过持续的危险识别和风险管理过程，将人员伤害或财产损失的风险降低并保持在可接受的水平或其以下的一种状态。

（2）中国民航工作的指导方针："保证安全第一，改善服务工作，争取飞行正常。"

（3）民航安全是飞行安全、地面安全及空防安全的总称。飞行安全是航空安全运输体系在进行对人们的生命和健康没有威胁的空运时保障安全的能力。地面安全是在机场活动地区和机库内，航空器、车辆设备、设施运行的综合安全状况。空防安全是通过规划、措施和程序，防止对民用航空活动进行非法干扰行为的发生，保证民用航空器及其所载人员、财产安全，保持航空器内的良好秩序。

（4）民航安全具有政治属性、经济属性、社会属性、业务属性和文化属性。

（5）民航安全的影响因素有人为因素、技术因素和环境因素。

（6）民航安全的模型有海恩法则、墨菲定律、SHEL模型和事故链理论。

（7）民航作风建设的内核是"三个敬畏"，即敬畏生命、敬畏规章和敬畏职责。

（8）民航安全系统主要包括飞行安全子系统、维修安全子系统、空中交通安全子系统和机场安全子系统。

（9）客舱安全事关民航整体安全，最大限度保障旅客安全是政府、制造商、运营商和旅客关注的焦点。国际航空运输协会明确规定，客舱安全重在强调乘务员必须完成维持客舱安全的相关任务，确保飞机在正常、非正常或紧急情况下，既能保证安全，又能兼顾效力和效率的运营。

（10）国际民航组织对安全管理体系的定义是："由组织来管理安全的一种工具，是一种系统管理安全的方法，包括必要的组织结构、职责、方针政策与程序等各个方面的内容。"安全管理体系由安全政策、安全保证、风险管理和安全促进四部分组成。

（11）客舱安全运行规则是坚持"安全第一、预防为主、综合治理"的方针，以"敬畏生命、敬畏规章、敬畏职责"为内核，践行以人为本、遵纪守法、诚实守信、追求安全、绝不妥协的价值观和行为准则。

（12）客舱不正常情况包括客舱秩序不正常和旅客/机组成员突发疾病或人身伤亡。机上发生客舱秩序不正常情况时，客舱经理/乘务长应及时报告机长，在机长的统一指挥下，协同安全员，以确保飞机、旅客和机组成员的安全为原则，立即处置，维持客舱秩序。

本章思考题

（1）国际民航组织如何界定安全？中国民航工作的指导方针是什么？

（2）民航安全的主要内容有哪些？影响民航安全的因素有哪些？

（3）民航安全主要有哪些属性？民航安全模型主要有哪些？

（4）"三个敬畏"的内涵是什么？有何价值？

（5）民航安全系统主要由哪些子系统构成？

（6）什么是安全管理体系？安全管理体系的基本架构是什么？试阐述航空公司建设安全管理体系的现实意义。

（7）客舱安全的运行规则是什么？

（8）为保障客舱安全，安全带的使用有哪些具体要求？

（9）飞机上不可以提供含酒精饮料的旅客有哪些类型？

（10）客舱里旅客安全简介的内容有哪些？

第二章 空防安全

本章导读

空防安全是民用航空安全的重要组成部分,是确保民用航空顺利发展的关键所在。在国内外安全威胁长期并存的背景下,我国民航面临着严峻的空防安全挑战。针对民航运输系统的攻击行为,不仅危害着航空旅客和航空人员的生命财产安全、航空器及设施安全,也直接影响到地区社会稳定与国家经济繁荣。

学习目标

知识目标

(1)了解空防安全的定义、任务及内容;
(2)熟悉驾驶舱及客舱空防安全管理规定;
(3)理解空防预案及空防管理体系;
(4)掌握爆炸物、机上纵火及劫机的处置程序。

能力目标

(1)熟练掌握爆炸物、机上纵火及劫机的处置程序;
(2)提升空防安全责任意识及非正常情况的处置能力。

素养目标

通过对空防安全内容的学习,增强学生的安全责任意识,使学生树立积极主动的工作价值观,培养学生爱岗敬业、工作严谨的民航精神。

学习重点与难点

重点:爆炸物、机上纵火及劫机的处置程序。

难点:劫机处置程序。

本章关键词

空防安全（Aviation Security）　　空防预案（Aviation Security Plan）
爆炸物处置（Explosive Disposal）　　机上纵火处置（Arson Disposal）
劫机处置（Hijacking Disposal）

互联网资料

中国民用航空局官网
中国民航网
民航资源网

第一节　空防安全概述

一、空防安全管理

（一）空防安全的定义

空防安全是根据我国民用航空安保的历史发展，科学总结出的一个特定概念。它不仅包含航空安保的含义，还包含航空安保所不具有的内容。关于空防安全的界定，国内代表性的观点有以下两种。一种观点认为，"空防安全是防止各类针对或利用航空器实施违法犯罪和恐怖破坏活动所采取的航空安保措施"，可称其为措施论。另一种观点认为，"空防安全是指为了有效预防和制止人为的非法干扰民用航空的犯罪与行为，保证民用航空活动安全、正常、高效运行所进行的计划、组织、指挥、协调、控制，以及所采取的法律规范的总和"，因其强调安全运行的目的，则可称其为安全目的论。空防安全不仅是让航空器、机上人员免于非法干扰的威胁，还要让机场、地面人员及航空设施设备等均免于非法干扰的损害。

由此可见，空防安全的概念既包括飞行安全，又包括航空安保。飞行安全，即"Aviation Safety"，它所涉及的是与航空器飞行相关的客观因素，如航空器的性能、物理状态，航空活动中所依赖的航空设备、设施、通信、导航、气象问题，从事航空活动的人员素质问题等；航空安保，即"Aviation Security"，它所涉及的是与民用航空安全相关的人的主观因素，主要是某些人为了政治、经济或其他的组织或个人目的，人为地非法扰乱民用航空秩序、破坏航空设施、危害民用航空安全的问题。因此空防安全是为了有效预防和控制人为的非法干扰或扰乱民用航空运输活动正常运行的犯罪与行为，保证民用航空运输活动的参与人及其财产免受航空非法及扰乱行为的威胁或者损害。

（二）空防安全的目标

在新中国民用航空局成立之初，针对当时的形势，民航局提出了要建立"空中防线"

的空防目标，此时的空防仅指民用航空领域，不同于军事、国防的空防概念。

随着中国民航的快速发展，当下民航的空防安全目标变得更加清晰明确，基本目标包括：依法预防、打击危害民用航空安全的违法犯罪行为，防止非法干扰；保卫国家政治安全和公共安全；保护旅客生命财产安全和航空工作人员生命安全；维护民用航空安全秩序，保障我国民用航空事业的顺利进行；等等。

（三）空防安全的任务

1983年12月4日，中国民航局下发的《中国民用航空局关于保证安全的决定》中首次提出，"民航各级主要领导一定要把保证飞行安全和空防安全作为自己的中心任务"。将"确保人机安全"明确规定为保证空防安全的最高原则，其任务主要包括：承运人应当对航空运输过程中的旅客承担相应的安全保卫责任；乘机人办理承运手续时，承运人必须核对乘机人的身份证和行李；旅客乘机时，承运人必须核对旅客人数；承运人应当对航空运输过程中的货物承担相应的安全保卫责任；对始发航班民用航空器进行清舱检查；已办理登机手续而未登机旅客的行李不得装入或者留在航空器内；旅客在中途中止旅行时，必须将其行李卸下飞机，已经经过安全仪器检查的除外；承运人对承运的行李、货物在地面存储和运输期间，必须有专人监管；错运的行李、货物应当放置在安全存储区，直到行李按照有关规定被运走、认领或者处理完毕为止。

（四）空防安全的内容

空防安全的具体工作内容包括：对地面进行管制，防止无关人员进入机场特殊区域，预防和打击破坏机场地面设施，进而实施破坏航空器正常运行的行为；防止劫机、炸机，防止非法干扰民用航空运营秩序的行为及活动；正确处置劫机、炸机和袭击、破坏事件，防止非法干扰民用航空安全的行为及活动；保证民航飞机飞行、客货运输及经营活动的开展，包括为了民用航空器、民航机场民航设施、旅客生命财产、航空货物邮件的安全所采取的各种预防措施；为制止和处置所发生的劫机、引爆航空器、攻击民航机场、破坏民用航空设施，非法干扰民用航空运营秩序的行为、事件，所实施的各项安全措施、安全规章、法律手段及人员和器材、资源的总汇。

二、驾驶舱空防安全

（一）驾驶舱的安全管理

1. 进入驾驶舱的人员限制

以下人员可以进入飞机驾驶舱，但并不限制机长为了安全而要求其离开驾驶舱的应急决定权，具体包括：机组人员；正在执行任务的局方监察员或局方委派代表；得到机长允许，并且其进入驾驶舱对于安全运行是必需的或者有益的人员；经机长同意，并经航空公司特别批准的其他人员。

2. 进入驾驶舱的安全程序

机组人员进入驾驶舱应使用事先确定的联络信号；其他被准许的人员进入驾驶舱前，

乘务长应先通过内话系统与驾驶舱联络，在获得机长批准后方可进入驾驶舱；进入驾驶舱后应将舱门锁定，防止他人尾随而入。

 思政案例

网红进入驾驶舱，机长终身被停飞

2019年11月3日，一张女子坐在客机驾驶舱内的照片在网上引发热议。照片中，一名未着制服的女子坐在飞机驾驶座上，面前的仪表盘前摆放着茶具，女子摆出剪刀手的动作，并对照片配文："超级感谢机长。"网友通过照片中的仪表盘、操作杆等判断，该照片拍摄于正在飞行的航班中，此事随即引发网友热议。涉事航空公司在接到网友举报后，高度重视，随即成立调查小组并启动内部调查程序。

2019年11月4日下午，涉事航空公司通报称，当事机长被终身停飞，其他机组成员被无限期停飞，公司高管和部门管理者均受到不同程度的处罚。

11月11日，中国民用航空局召开新闻发布会回应了此事件。中国民用航空局综合司副司长顾晓红表示："经过几十年来的探索和实践，目前中国民航安全工作已进入规章管理阶段，建立了比较完备的规章体系，对航空器在运行期间机长的权力和职责都作出了明确规定，对于什么人能进入驾驶舱也都有明确的规定、要求和限制。女旅客进入飞机驾驶舱的事件直接违反了相关规章规定，对飞行安全造成了潜在危险，也造成了恶劣的社会影响，是典型的故意违章行为，民航局将实事求是地根据事件调查结果，依法依规对所在航空公司及涉事人员作出相应处理。"

此事件再次给民航人敲响了警钟，安全生产无小事，运行安全和工作作风必须常抓不懈，必须严字当头，从业人员的职业素养教育和作风建设永远在路上。

（二）驾驶舱门的管理

航空器驾驶舱门应装有猫眼、门锁或门闩，并能在驾驶位的任何位置进行开启或锁闭，该舱门应能抵御小型轻武器，手榴弹和强行闯入的意外袭击，并符合所有飞赴国的安保要求。飞行中，应当全程锁闭驾驶舱门，以防止与飞行无关的人员进入驾驶舱。任何人要求进入驾驶舱时，驾驶舱内机组应通过驾驶舱门上的猫眼或者标准联络信号确认该人员身份。在开关驾驶舱门前，客舱乘务员应与飞行机组做好事前联络。飞行中如需进入驾驶舱，应确认驾驶舱门附近无异常情况后，拉好客舱隔帘，避开旅客视线，使用约定的通信方式与驾驶舱联络并征得同意。客舱乘务员进入驾驶舱后，应立即关闭驾驶舱门。离开驾驶舱前，应通过猫眼观察驾驶舱门外情况，确认无异常后方可打开驾驶舱门。只有在紧急情况下（如飞行人员能力丧失），客舱机组人员才可通过输入密码打开驾驶舱门电子锁。客舱机组人员获知驾驶舱门密码后应严格保密，禁止将密码告知无关人员。有2名（含以上）空警/安全员执勤的航班，机组人员进出驾驶舱时，应提前让1名空警/安全员到前舱服务

间旅客通道处把守，直至驾驶舱门锁闭，若航班上有空警/安全员公开身份执勤的，该职责由公开身份的空警/安全员承担。航空器在地面停留期间，除飞行机组人员、工程维修人员、安保人员及公司授权的工作人员外，其他人员不可进入驾驶舱。客舱机组人员应当对运行中的航空器驾驶舱采取保护措施，防止未经授权的人员和与飞行无关的物品进入驾驶舱。

（三）客舱乘务员进出驾驶舱注意事项

两人制飞行机组执行航班飞行任务时，如有一名飞行员因工作或生理原因需离开驾驶舱，飞行机组应先通过电话联系客舱乘务组，乘务长应及时安排一名客舱乘务员进入驾驶舱并锁闭驾驶舱门，待该名离开的飞行员返回驾驶舱后方可离开。此时若前舱服务间无人留守，乘务长应通知空警/安全员留守在前舱，确保驾驶舱门安全。进入驾驶舱的客舱乘务员应熟悉驾驶舱管理要求，根据机长指令就座于观察员座椅，不得对在座飞行机组人员进行无关的交谈或者干扰，不得擅自操作驾驶舱内任何仪器设备等。在飞行时间1小时以内的航段或飞机着陆前30分钟，应减少进出驾驶舱。在飞行的关键阶段，应禁止进出驾驶舱：起飞时，自起飞滑跑开始至起落架收起；着陆时，自起落架放下至着陆滑跑结束；"系好安全带"提示灯亮时；飞机遇有颠簸时；飞机被劫持时。

（四）未经许可进入驾驶舱或企图打开驾驶舱门的处置

发现有旅客企图打开驾驶舱门时，机组人员应当立即予以制止，并说明有关规定；对不听劝阻企图强行进入者，空警/安全员或其他机组人员应当立即将其制服，并采取管束措施；飞机降落后，移交机场公安机关处理。

<u>三、客舱空防安全</u>

（一）飞行前机组安保协同

空警/安全员在航前准备会上需向客舱乘务组通报空防安全情况，明确非法干扰行为与扰乱行为的处置原则及方案，通报本次航班空防工作要求；登机后由机长召开飞行前准备会，对客舱机组提出空防要求，确认空防预案的联络方式及制定联络暗语内容；客舱乘务组在航前应及时将特殊旅客信息向空警/安全员通报，包括旅客姓名、座位号、同行人员数量等；空警/安全员应根据《客舱清舱检查单》的要求完成清舱工作，乘务组应当配合空警/安全员完成清舱检查工作，如图2-1所示。

（二）飞行中客舱安保协同

客舱乘务员必须对客舱进行定期巡视，发现旅客的可疑行为、可疑物品，以及任何由旅客做出的威胁和值得引起警惕的状况，都应立即向机长和空警/安全员报告；空警/安全员必须对客舱进行定期巡视，对发现的可疑情况应及时做好监控，必要时通知机长，并提醒乘务组做好思想和行动上的准备。

旅客扰乱行为是指在航空器上不遵守行为规范，或不听从机组人员指示，从而扰乱航空器上良好秩序和纪律的行为。包括但不限于：在禁烟区内吸烟；抢占座位、行李舱（架）；打架、酗酒、寻衅滋事；盗窃、故意损坏或者擅自移动救生物品和设备；危及飞行安全和扰乱航空器内秩序的其他行为。

图 2-1 飞行前机组安保协同

当发现旅客有所列其中一项或多项行为时，乘务员应及时予以劝阻并按相应处置程序进行处置；当旅客不听劝阻并可能影响机上秩序及航空安全时，空警/安全员应及时亮明身份，给予处置并报告机长。

第二节 空防预案

一、空防预案概述

2001年3月，中国成立国家处置劫机事件领导小组，作为国家的常设机构，制定下发了《国家处置劫机事件总体预案》，明确提出了空防安全的目的是最大限度地保证旅客、机组人员和航空器的安全，维护国家整体利益和安全，并且对空防安全的范围、基本原则、组织指挥、情况报告、基本程序做出了新的规定，使中国的空防安全工作进入了一个崭新阶段。

（一）空防预案的定义

空防预案是指，针对可能出现的空防不安全事件，为保证迅速、有序、有效地开展应急行动、降低事故损失而预先制订的有关计划或方案。它是在辨识和评估潜在的重大危险、事故类型、发生的可能性及发生过程、事故后果及影响严重程度的基础上，对空防管理体系的职责、人员、技术、装备、设备、处置行动，及其指挥与协调等方面预先做出的具体安排。空防预案明确了在突发事故发生之前、发生过程中及事故结束之后，谁负责做什么，何时做，以及相应的策略和资源准备等。

（二）空防预案的作用

编制空防预案是空防保卫准备工作的核心内容，是迅速、有序、有效地开展应急行动的重要保障。

空防预案在空防保卫中的重要作用和地位体现在：

第一，空防预案确定了空防应急处置的范围和体系，使空防管理不再无据可依、无章可循。尤其是培训和演习，培训让机组人员熟悉自己的职责，具备完成指定任务所需的相应技能，演习是检验预案和行动程序，并能评估机组人员的技能和整体协调性，它们都依赖于空防预案。

第二，制定空防预案有利于做出及时的应急响应，降低事故损失。处置行动对时间要求十分敏感，不允许有任何拖延。空防预案预先明确了各应急部门的职责和响应程序，在处置力量和资源等方面做了大量的准备，可以指导空防救援迅速、高效、有序地开展，将事故的人员伤亡、财产损失和环境破坏降到最低限度。此外，如果制定了预案，对于重大事故发生后必须快速处理的一些应急问题，也能及时地解决。

第三，空防预案成为机上应对各种空防突发重大事故的响应基础。通过编制空防预案，可保证空防预案具有足够的灵活性，对事先无法预料的突发事件或事故，也可以起到基本的指导作用，成为保证机上空防安全的"底线"。在此基础上，可针对特定情况编制专项空防预案，有针对性地制定处置程序，进行专项空防演练。

第四，制定空防预案有利于提高民航各部门的风险防范意识。空防预案的编制，实际上是辨识机上重大风险和防御决策的过程，强调各部门的共同参与。因此，预案的编制、评审及发布和宣传，有利于民航各部门了解可能面临的重大风险及其相应的处置措施，有利于促进民航业各方增强风险防范意识和能力。

（三）空防预案的基本要求

空防预案具有针对性，是针对可能发生的空防事故，为迅速、有序地开展应急行动而预先制定的行动方案；空防预案具有可操作性，即针对机上发生的空防事故，在有限的空间资源下，机组人员及相关空防保卫部门，可按照空防预案的规定，迅速、有序、有效地开展处置程序，降低事故损失；空防预案具有完整性，包括空防保卫中的预防、准备、响应、恢复四个阶段；空防预案具有合规性，预案的内容应符合国家法律法规、标准和规范的要求。

二、空防安全管理体系

（一）空防安全相关法律法规

1. 相关法律法规及其要求

民航从业人员应遵循《国际民用航空公约》及其附件、《中华人民共和国刑法》和《中华人民共和国民用航空法》，以及《中华人民共和国民用航空安全保卫条例》《国家民用航空安全保卫规划》《中国民用航空安全检查规则》等国际公约、国家法规、法令和民航规章，以及所在航空公司制定的"空防预案"要求。在履行"空防预案"职责时，应首先考虑旅客、机组、飞机，以及其他财产的安全，坚持以保证旅客、机组与飞机安全为最高原则，通过预案、措施和程序，防范非法干扰行为的发生，保障民用航空活动的安全、正常、有序。

2. 适用范围及对象

不论旅客的国籍、身份、性别、种族、地位等差异，凡在我国登记的民用航空器内实施非法干扰行为的都受我国空防安全相关法律制约。不论是我国国际航班还是国内航班，非法干扰行为发生在下列空间范围之一者均适用：飞行中的民用航空器，机组使用中的民用航空器。

（二）空防安全管理体系的发展变化

自2003年实行机场属地化管理后，民航空防安全管理体系发生很大变化，主要体现为：

第一，民航行政管理制度从四个级别的制度，"民用航空总局—民用航空区域管理局—省级局管理局—地方航站"转变为"民用航空总局—民航区域管理局"二级别制度。

第二，中国民用航空局把空防安全的管理收回。一是中国民用航空局及民航区域管理局的公安局都对空防安全进行直接的管理；二是给予民用航空公司对于空防安全方面更大的管理责任与限制。

第三，减少机场公安分局的空防安全管辖权限。缩小各机场公安机关对于空防安全管制的区域。机场公安机关对各机场的空防安全管理力度大大削减。

第四，新的管理部门介入空防安全管理范围。一是重点注意施展空警的能力；二是组建并扩大空防安全监督办的用途；三是组建专业的机场反恐单位。

目前国家成立了以下国家级别的空防安全管理机构：国家反劫机处置领导小组、领导小组专门办公室、中国民用航空局公安局、民航地区管理局公安局、空中警察队伍、机场公安局。

三、空防安全管理职责

（一）空防安全主管当局

1. 民航局公安局

民航局公安局主管民用航空保卫工作，对民航空防保卫实施统一管理、监督和检查，主要职责体现在：起草民航安全保卫的相关法规、规章、政策、标准，编制民航安全保卫规划并监督执行；监督管理民航空防安全工作，规划和指导建立行业空防安全管理体系，开展对空防安全威胁因素评估，发布形势分析报告及防范措施；指导机场公安机关刑事侦查、民用机场治安和公共活动区道路交通工作等。

2. 民航地区管理局

民航地区管理局的主要工作内容有：综合管理辖区内的民用航空安全；组织调查处理辖区内的不安全事件；参与辖区内重特大运输飞行事故的调查处理工作；发布安全指令和安全通告；负责辖区内民用航空安全信息的收集、分析和发布；按规定组织辖区内安全评估工作并承办航空安全奖惩工作；组织、指导辖区内的航空安全教育和航空安全管理研究工作；承担地区管理局航空安全委员会的日常工作。

3. 民航安全监督管理局

民航安全监督管理局的主要工作内容有：对辖区内民航企事业单位执行国家有关法律

法规和民航局有关规章、制度和标准的情况实施监督检查;监督检查辖区内民用航空空中、地面安全工作;按规定承办民用航空飞行事故、航空地面事故和事故征候的调查处理工作;承办辖区内民用航空运营人运行合格审定等事宜并实施监督管理;负责对辖区内民用航空市场实施监督管理;组织协调辖区内专机的保障工作;承担辖区内国防动员和航空抢险救灾的有关协调工作。

（二）地方人民政府

地方人民政府应当依照航空安保法律法规和规章、标准，制定具体规定、措施和程序，督促有关单位开展航空安保工作;按照责任分工对发生在辖区的非法干扰事件进行处置。

（三）机场管理机构

机场管理机构对机场航空安保工作承担直接责任，负责实施有关航空安保法规标准。主要职责包括：制定和适时修订机场航空安保方案;配备与机场旅客吞吐量相适应的航空安保人员和设施设备;执行安检设备管理有关规定，确保安检设备的效能和质量;按照《国家民用航空安全保卫培训方案》对员工进行培训;制定、维护和执行本机场航空安保质量控制方案;按规定及时上报非法干扰信息和事件;等等。

（四）民用航空安全检查机构

民用航空安全检查机构是民航空防安全保卫工作的重要组成部分，是国务院民用航空主管部门授权的专业安检队伍，为保障航空安全，依照国家法律法规对乘坐民航班机的中外籍旅客、物品及航空货物、邮件进行公开的安全技术检查，防范劫持、炸毁民用航空器或其他危害航空安全的行为，保障国家和旅客生命财产安全。

（五）公共航空运输企业

公共航空运输企业在航空安保工作中扮演着重要的角色，其工作内容主要涉及：对航空运输过程中的旅客、货物承担相应的安全保卫责任;根据国家航空安保法律法规，制定本企业的航空安保方案。

（六）机场公安机关

机场公安机关执行民用航空法规和规章，承担机场航空安保工作，接受国家安保主管当局的指导、检查和监督，其职责包括：预防及侦破危害民航安全和机场范围内的犯罪案件;对移交的非法干扰事件进行查处;承担安全检查现场执勤，维护安全检查现场秩序;制定应急预案，参与处置非法干扰民用航空的事件;等等。

（七）机组空防保卫职责

机组人员应按照《中华人民共和国民用航空法》《中华人民共和国民用航空安全保卫条例》《国家民用航空安全保卫规划》《公共航空旅客运输飞行中安全保卫工作规则》等法律法规和规章的规定行使空防保卫职责，具体职责如下。民用航空器在飞行中的安全保卫工作由机长统一负责，机长有权指挥机组人员，机组人员应以各种方法协助机长。空警/安全员在机长领导下，承担安全保卫的具体工作。如果机长失去能力，则根据航空公司运行手册中的内容要求，由最具资格的其他机组人员代替行使命令。空警/安全员在来不及或无法与机长联系，而又确有把握制服犯罪嫌疑人的情况下，有权先采取措施制服犯罪嫌疑人再报告机长。空警/安全员以小组形式执勤时，应指定其中一人任小组负责人，统一指挥小组成员的各项工作。其他机组人员应当服从机长的统一指挥，按照分工维护客舱正常秩序，发现航空器上有可疑情况及时通知空警/安全员，并协助机长和空警/安全员妥善处置飞行中出现的扰乱行为或者非法干扰行为等严重危害飞行安全的行为。

第三节 空防处置

一、爆炸物威胁处置

（一）爆炸物的定义

爆炸物是指为劫持、炸毁民用航空器而制作的带有起爆系统的爆炸装置，通常由包装物、炸药、起爆系统三部分构成。疑似爆炸物是指具备爆炸物明显外部特征的装置，如定时器、导线、导火索、雷管、各种炸药包装物等物品。

（二）爆炸物的种类

爆炸物的种类包括：弹药；爆破器材，如炸药、雷管、导火索等；烟火制品，如烟花、爆竹等；上述物品的仿制品。

（三）爆炸物的处置原则

1. 对（疑似）爆炸物的处置

机组人员发现（疑似）爆炸物后，不得擅自触碰、打开、移动，只有机长才能决定是否必须在空中移动（疑似）爆炸物。如必须在空中移动（疑似）爆炸物，只能将其移到该机型的最低风险爆炸区（机上受爆炸危害程度最轻的位置，即最低风险爆炸区，B737/A320 为 R2 门）。在地面时，机组人员不得私自对航空器进行爆炸物搜查，应由机场警方组织专门人员进行搜查。

2. 对旅客的安排

旅客尚未登机的，不得登机；旅客正在登机的，中止登机；旅客已经登机但尚未起飞的，组织旅客撤离。在极其紧急的情况下才可使用救生滑梯。

3. 对飞行的安排

尚未起飞的，不得起飞，并尽量按机场当局要求滑行至指定处置区域；正在起飞的，应中止起飞，并尽量按机场当局要求滑行至指定处置区域；已停在地面的，应尽量采取措施，防止非法起飞或再次非法起飞；正在飞行中的，应下降至安全高度，进行释压，尽快返航或在最近机场降落。

（四）爆炸物的处置程序

1. 空中发现爆炸物的处置程序

（1）报告机长及组员，切断电源。在空中发现爆炸物时，乘务组应立即报告机长及空警/安全员，报告内容应尽可能详细，包括有关爆炸物的位置、外观、体积、类型、引爆时间、引爆原因、对方姓名及身份等。收到信息的机组成员，应记录听到的内容，信息传递要简明、准确、及时。机长收到信息后应迅速报告地面，并应急下降到安全高度，进行释压，使舱内外压力等于零。同时立即断开与爆炸物区域相关联的电源，防止爆炸后起火。

（2）调整旅客座位。在确保飞机平衡的前提下，乘务组会同空警/安全员立即调整旅客座位，尽可能安排旅客远离可疑的爆炸物品，同时避免惊动旅客，以免造成不必要的旅客恐慌。

（3）对爆炸物进行鉴别。机组人员应对爆炸物进行初步判断，有条件时寻求有专业知识的旅客帮助协商，慎重采取处置措施。如爆炸物能移动，空警/安全员在移动过程中应小心平稳，尽可能保持可疑爆炸物品发现时的原始状态，将可疑爆炸物品移至机上最低风险爆炸区，并在该物品上放置湿毛毯、枕头，以减轻爆炸威力。如爆炸物不能移动，应在该物品上放置湿毛毯、枕头、座垫，以减轻爆炸威力，并准备灭火器材。如确有把握，也可以用其他办法处理，如切断导线、电源、停止定时摆轮等。

（4）清舱并安排专人监控。将现有爆炸物安全处置后，搜查机上有无其他爆炸物，并安排专人对爆炸物进行必要的监控。

（5）尽快着陆并疏散旅客。尽快争取就近降落，着陆后，飞机应滑到远离其他飞机和建筑物或塔台指示的区域，尽快疏散旅客。如有必要，机长应宣布执行应急撤离程序。

2. 地面发现爆炸物的处置程序

当飞机在地面受到爆炸物威胁时，乘务组应立即将信息报告机长及空警/安全员，并迅速安排旅客携带行李下机；旅客下机后，飞行机组应将受威胁的飞机迅速移至远离候机楼、油库、其他飞机和建筑物的地方，并立即通知机场当局和警方；地面工作人员将设置隔离圈，无关人员不得接近该飞机；随即将货物、托运行李、机上食品和供应品全部卸下，移至远离飞机的地方，并设置隔离圈；由提供机上食品和供应品的单位派人检查机上食品和供应品；旅客、行李和货物应重新进行安检；注意在搜查爆炸物时，必须由炸弹防爆专家、警方人员来处置；任何人员在没有炸弹专家、警方及专业人员在场时，都禁止自行拆除炸弹；若有国家领导人和VIP旅客乘坐该航班，应调换其他确保安全的飞机执行航班任务。

3. 机组间接获悉爆炸物的处置程序

当机组接获地面通知，机上有爆炸物时，机组成员之间应作出分工，根据所获信息对飞机驾驶舱、客舱及其他相关部位进行搜查，以便尽快发现可疑爆炸物。搜查时应按照从前至后、从上至下、从左至右的顺序进行，在已搜查而未发现可疑爆炸物的地方都应清楚地标上记号，以避免工作重复或漏查。所采取的措施应尽量不去惊动旅客，如必须有旅客协助时，应采取措施避免旅客产生惊慌，并要求旅客只有在确认其随身携带物品属于自己的并且无异常时方可动用。在发现可疑爆炸物之后，机组人员应继续完成搜查工作，以确保机上不会再有其他爆炸物品。当确认发现机上有可疑爆炸物时，机组人员可按"空中发现爆炸物的处置程序"进行处置。

4. 处置中的机组协同

（1）工作分工。乘务长按机长要求，对乘务员进行工作分工，配合空警/安全员进行爆炸物搜查，如搜查后发现炸弹或可疑物，由空警/安全员负责对爆炸物进行监控，乘务员尽快疏散旅客，防止引起惊慌。

（2）调整座位。尽可能将旅客转移到离最低风险爆炸区至少4排座椅远的地方；如其他座位已满，这些旅客应在保护区的地板上，面向机头方向就座，使用枕头、毛毯等物品护住头部，并采取安全防撞姿势就座；所有旅客应系好安全带，将头尽可能低于头靠。座椅椅背和小桌板必须完全收直。

（3）安抚旅客。做好客舱服务的同时，密切监控旅客动态，如机上旅客已得知航班遇炸弹威胁信息，应注意稳定旅客情绪。

（4）将爆炸物转移至最低风险爆炸区。如爆炸物可移动，乘务组应配合空警/安全员将爆炸物转移到机上最低风险爆炸区，并转移周围区域的旅客和物品，最低风险爆炸点的滑梯待命必须解除。

（5）构建防爆平台。乘务员应尽快提供用水浸湿的毛毯、毛巾、衣物等物品，以备构建防爆平台时使用。用硬行李靠舱壁建一个平台，位于舱门中线以下 25cm 处；在平台上放置至少 25cm 厚的湿物，如毯子、枕头等；在湿物上放一块塑料布（如垃圾袋等），这样可以防止爆炸物出现短路；将爆炸物保持原状小心搬移至湿物上，尽可能靠近舱门结构；再在爆炸物上加盖一层塑料布；在爆炸物周围堆砌 25cm 厚的湿物，顶部堆砌物尽可能堆至天花板，同时将堆砌物就地固牢，禁止在爆炸物和舱门间摆放任何物品，尽量减少爆炸物周围空间，以便将爆炸力引向非保护区的舱门结构，避免使用任何含可燃性液体的物质和易成为危险飞射物的金属物品作为堆砌物。

二、机上纵火处置

（一）机上纵火的定义

机上纵火是指，在航空器内使用易燃液体等物质纵火，以毁坏航空器的行为。机上纵火使用包括气体、液体在内的易燃物质，故意放火或企图烧毁航空器或客舱设施设备。

（二）机上纵火事件分类

1. 自杀性纵火

此类纵火事件中歹徒以机上纵火的方式，达到机毁人亡的目的，其中尤以恐怖性、政治性攻击和自杀骗保为典型。实施这类犯罪的歹徒，其犯罪的目的性极强，意志力较高，心理上一般都做好了机毁人亡的最终准备，所以给飞机造成了极大的安全隐患。此外，这类歹徒在实施犯罪行为前一般没有过多的征兆，犯罪具有突然性，这就给机组人员的预防和识别带来了很大的困难，往往等到歹徒已实施了纵火行为后，机组人员才能察觉。与此同时，歹徒为了达到机毁人亡的犯罪目的，对纵火器材的准备都较为充分，极有可能在机组人员灭火的过程中实施二次纵火。

2. 劫机性纵火

此类型纵火事件中歹徒一般以实施机上纵火相威胁，以达到其劫持航空器的目的。对于歹徒来说，纵火只是达到目的的一种手段，不到万不得已，一般不会实施纵火。并且为了达到威胁的目的，歹徒在劫机时会主动显示纵火器材。

（三）机上纵火处置程序

当机上出现纵火行为，机组人员应遵循尽一切可能阻止歹徒纵火，第一时间控制火情并迅速制服歹徒，竭力阻止旅客在客舱内进行大范围的移动，确保飞机的配载平衡的基本原则，快速实施机上纵火处置程序。

1. 预纵火处置程序

（1）最先发现情况的机组人员应立即向机长和空警/安全员报告，并通知其他机组人员做好灭火准备。

（2）接到报告后，机长将采取的措施有：保持驾驶舱门关闭，降低客舱温度，下降至安全高度，进行释压；如发生火警，则保持驾驶舱和客舱最小空气流量，返航或在最近机场降落。

（3）空警/安全员应迅速赶到事发地，及时辨明事件性质，确定歹徒目标。如歹徒已开始着手实施纵火行为，应立即采取一切措施，坚决将其制服，防止火灾发生。如歹徒欲以纵火相要挟，进而实施劫机，则应尽可能稳定歹徒情绪、及时控制事态局面，为后续工作争取时间，创造机会。采取一切手段，设法与纵火歹徒进行周旋，掌握必要的信息，内容包括歹徒欲实施纵火行为的动机、目的和要求，所携或所持凶器和工具的性质、种类和数量，有无同伙，其数量和位置，歹徒的姓名、年龄、经历等。

（4）用恰当的方式提醒乘务组做好灭火准备，并配合适时巡视客舱，帮助传递信息，发现可疑迹象。

（5）尽可能将所掌握的情况及时告知机长，并接受机长指示。

（6）按照空防预案，开展相应的反劫机工作。如歹徒是对民航服务等原因发泄不满而言语过激，则应及时制止其不当言行，避免谣言扩散引起客舱混乱，并按照机上控制、机下处理的原则对其本人、随行人员及其行李予以监控，待飞机降落后移交机场警方处理。其间，歹徒如有其他攻击机上人员的过激行为，则应对其予以管束。

（7）客舱乘务组应当尽可能将灭火瓶移动到歹徒附近，随时做好灭火准备；稳定旅客情况，维持客舱秩序，配合空警/安全员工作，包括传递信息、监控客舱、报告情况等，向机长报告处置情况。

2. 已纵火处置程序

（1）最先发现情况的机组人员应立即就近拿灭火瓶进行灭火，并通知身边其他机组成员向机长和空警/安全员报告。

（2）接到报告后，机长将采取的措施有：保持驾驶舱门关闭，降低客舱温度，下降至安全高度，进行释压；如发生火警，则保持驾驶舱和客舱最小空气流量，返航或在最近机场降落。

（3）空警/安全员应迅速就近拿灭火瓶，赶到起火位置实施灭火，并确定歹徒目标，用口令对纵火歹徒提出严厉警告，震慑歹徒，使其放弃反抗，并在灭火后将歹徒予以管束。如歹徒不听警告，攻击机组或继续作案，则应立即采取必要措施，坚决将其制服。如火情可得到控制，则应采取必要措施，迅速制服或管束纵火歹徒。

（4）客舱乘务组应用口令使旅客保持镇静或根据实际需要强行控制失控的旅客，令其尽量待在原位，确保飞机配载平衡，全力开展灭火工作，配合空警/安全员工作；向机长报告处置情况。

3. 制服纵火歹徒后应做的工作

制服纵火歹徒后，空警/安全员应收缴歹徒作案工具和其他凶器，并对歹徒进行搜身，防止其另有凶器藏匿；将歹徒看押在客舱后部不靠门窗和过道的位置；指挥客舱乘务组检查客舱，防止另有火源；严密监控客舱，防止意外发生；时间允许的情况下，及时做好调查取证工作；客舱乘务组将事件经过和处理结果及时报告机长；落地后做好移交工作，并在相应单据上做好交接记录；航后及时向本单位做好汇报。

 思政案例

"7·26" 深航机上纵火事件

2015年7月25日晚，隶属深圳航空的ZH9648航班于23点10分在浙江台州起飞。7月26日凌晨0点40分，乘务员广播通知航班即将降落，此时一名男子突然跑向头等舱，将头等舱的布帘点着。机上一名旅客回忆道："他应该是朝帘子上泼了油，我闻到一股煤油味。因为机舱空间很小，火着起来的时候整个机舱里面黑烟弥漫，我们当时呼吸都很困难。"

飞机上的乘务组随即将火扑灭。在处置的过程中还不断安抚旅客，让大家不要惊慌。然而，在对峙了几分钟后，该男子不但没有放下打火机，反而拿出一把20多厘米的长刀，一边挥舞，一边朝经济舱的旅客走去。整个过程持续了半个小时左右，这名纵火的男子两次点燃可燃物。最终，乘务组和旅客一起将该男子制服。

飞机在白云机场安全着陆后，机上97名旅客及9名机组人员被紧急疏散离开机舱，其中有2人受轻伤被送医救治。当天，民航中南公安局证实，嫌疑男子在机上企图纵火未遂，目前已被警方控制。

在整个突发事件的应对过程中，面对手持利刃的行凶者，乘务组极力安抚旅客情绪，维护客舱秩序，始终保持着沉着与冷静，展现出了极高的专业能力和职业素养。

三、劫机处置

(一) 劫机、炸机概述

劫机，即以威胁、暴力或其他方法劫持飞行中的民用航空器，危害航空器内人员和航空器安全的犯罪行为。劫持者多扣押人质，向有关部门或政府提出要求，当要求得不到满足时则可能杀害人质或炸毁飞机，酿成严重后果。炸机是指使用爆炸品对民用航空器直接实施造成航空器或航空器内人员损害的犯罪行为。炸机并不包括或胁炸机，因为威胁炸机属于劫机中比较常见的一种行为，只有在犯罪分子实施爆炸后，才能将事件定性为炸机事件。

 思政案例

国内外民航重大劫机事件

人类历史上首次记录在案的航空器被劫持事件发生在 1931 年 2 月 11 日。当时一架航邮机在秘鲁被反政府分子劫持，目的是利用航空器派发反政府小册子。自 1948 年全球首宗空中劫机并导致坠机事件后，人类历史上关于劫机的噩梦就正式开始了。20 世纪 60 年代中后期，劫机活动日趋频繁。20 世纪 70 年代，由于反劫机装备、航空安全规定制度不完善，以及复杂的国际形势和政治矛盾，全球劫机活动一度达到高潮。许多劫机事件以悲剧告终，但在付出一次次惨痛代价后，人们也锲而不舍地反思灾难，并极力避免类似悲剧重演。

"爆炸节奏"录音机

1988 年 12 月 21 日，美国泛美航空公司的一架波音 747 客机正在执飞法兰克福—伦敦—纽约—底特律的航线。机上大部分旅客都是准备回家的美国人，他们归心似箭，因为再过几天就是圣诞节了。可从伦敦起飞 42 分钟后，就在苏格兰小镇洛克比上空 9100 米的高度，飞机突然发生爆炸。猛然间，空中传来一声骇人的巨响，浓密的烟雾像一团团偌大的黑纱，阴冷地向大地压了下来。飞机化作一团巨大的火球，机身分裂成 5 大块和数以千计的碎块，向夜幕下的洛克比镇袭来，撞毁了 40 幢房屋，留下了一个深 15 米、长 27 米的大坑。镇上的 11 名居民被飞来横祸夺去了生命，机上的 259 名旅客，包括机组人员，全部遇难。洛克比几乎成为空中灾难的代名词。该事件是由 2 名利比亚特工将爆炸装置放入托运行李内造成的，炸弹是被藏在一个磁带录音机（日本生产的东芝 SF16 型，名为"爆炸节奏"）里送上飞机的，还用包裹在外头的一些婴儿服装作为伪装。而此次事件后，直到 2006 年 1 月 1 日才有了"行李确认"。

震惊世界的"9·11"恐怖袭击事件

2001年9月11日,"基地"组织恐怖分子挟持美国联合航空93号班机、175号班机及美国航空11号班机、77号班机对世界贸易中心、五角大楼进行恐怖攻击。其中11号及175号班机先后撞上世贸大楼,77号班机则撞上五角大楼。93号班机则因机上旅客及机组人员的奋勇抵抗而在宾夕法尼亚州郊区坠毁,据说机上恐怖分子的目标是美国国会山庄或白宫。此次事件导致逾3000人死亡。"9·11"恐怖袭击事件使得防止劫机再次成为世界性课题,各国机场开始强化安全检查,实施行李检查,旅客名单提交公安当局,严禁随身携带包括指甲刀在内的任何带刃金属物品、机内餐具全部塑料制等措施预防劫机。20世纪90年代初,中国是劫机的重灾区,几乎每个月都会发生几起劫机事件。虽然大部分都得以和平解决,但是仍造成过伤亡。

新疆和田劫机事件

2012年6月29日,一架天津航空EMB190型/B-3171号飞机在由新疆和田飞往乌鲁木齐途中遭遇歹徒劫持,歹徒以伪装的拐杖为武器,意图砸开驾驶舱门,进行劫机。随即不法分子被机组与机上旅客共同制服,飞机返航和田机场并安全着陆,6名歹徒被公安机关抓获。在事件处置过程中,机组人员临危不惧、果断处置,2名安全员,2名乘务员光荣负伤。飞行人员沉着冷静、妥善应对,驾驶飞机安全返航。多名旅客见义勇为,挺身而出,体现了公民的正义感和责任感。中国民航局研究决定,授予该机组"中国民航反劫机英雄机组"的光荣称号,对英勇搏斗并光荣负伤的机组成员给予记功表彰,对积极协助处置的旅客表示感谢和慰问,并给予奖励表彰。

现在的安检技术越来越先进,带炸弹上飞机似乎是不可能实现的任务。但历史上,就有好几起在客机上置放炸弹的案件,置放地点从包裹到打印机,从鞋底到内裤,犯罪分子手法越来越隐蔽,挑战着安保标准与人道主义。

总结:从一起起的劫机事件中,我们看到了人性的复杂,也看到了在困境中人们所展现的智慧和勇气。每一次的成功处置都体现出了旅客的正义感和机组人员的责任感,临危不乱、果断处置的能力是民航人永恒的学习课题。在当下的民航安全形势下,民航人应牢记"三个敬畏",始终将责任与担当牢记心中,守护好旅客的每一段旅程。

(二)劫机分类

按照劫机的目的,可将劫机分成四大类(见图2-2):一是以反社会为目的,劫持航空器,撞击重要目标,制造重大事件,造成机毁人亡的自杀性恐怖活动;二是以政治要求为目的,劫持航空器,要挟国家和政府的恐怖活动;三是以经济要求为目的,劫持航空器,以获取经济补偿的恐怖活动;四是以破坏国家安全为目的,劫持载有国家安全重要人员的航空器的恐怖活动。

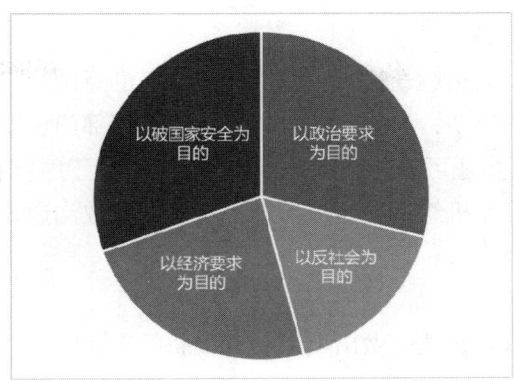

图 2-2 劫机的分类

（三）劫机处置原则

当机上遭遇劫机，机组人员应遵循安全第一、统一指挥、适时果断、地面处置、境内处置、机长领导、空地配合的基本原则。

1. 安全第一

处置决策以最大限度地保证国家安全、人机安全为最高原则，必要时可以小的代价避免大的损失。

2. 统一指挥

承运人各有关部门必须服从公司处置劫机领导小组的统一指挥。

3. 适时果断

抓住时机，果断决策，灵活处置，力争在最短时间内解决，将危害与损失降至最低。

4. 地面处置

航空器空中发生劫机、炸机事件时，应力争使航空器降落至地面进行处置。

5. 境内处置

境内发生的劫机、炸机事件，应尽量避免在境外处置。

6. 机长领导

在情况直接危及人机安全时，机长对航空器的操纵和机上人员的行动有最后决定权。

7. 空地配合

航空器空中发生劫机、炸机事件，应充分发挥地面对空中的信息资源、人力和物质的保障作用，有效提高综合指挥和实际处置能力。

（四）劫机处置程序

1. 劫机者的心理特征

劫机者一般拥有极端的个人主义价值观，这种价值观极易产生反社会意识，使其铤而走险，见利忘义。劫机者同时还缺乏正常的社会基本道德观念，这种道德观念使其在进行犯罪过程中不顾广大旅客的生命安全，甚至采取同归于尽、玉石俱焚的犯罪手段。而且劫机者大多对法律制度采取一种漠视的态度，有的甚至是法盲。

2. 稳定劫机者情绪

机组人员应视情况主动接触劫机者,以探明其劫机的意图。机组人员可尝试使劫机者相信其提出的条件已逐步实现,如向机长报告、请示航管部门、安排航路、告知气象资料等具体事项落实。机组人员还可表达诚意,适时地提出有助于缓解和改善紧张气氛的意见,如建议喝水、送些食品等。机组人员还可与劫机者进行有效沟通,建立信任感,使其放弃过激的行为。

3. 劫机处置的分类

(1)地面处置。如有人在地面做出类似劫机威胁的表述时,收到信息的机组人员应按照预案的要求及时上报。

(2)空中处置。

① 信息传递:

- 最先获得信息的机组人员,应迅速通过暗语、机载设备等方式,设法尽快通知机长和机上空警/安全员,并按空中预案进行处置。
- 如有人在机上做出类似劫机威胁的表述,但没有控制飞机的企图,收到表述信息的机组人员应立即向机长报告,机长则应通知运行控制中心报告情况,空警/安全员应及时控制事态,对其采取管束,并通知降落地机场当局,给予落地后的处置协助。
- 空警/安全员或乘务组在得知遇劫信息后,要主动设法接近劫机者,与其交谈或谈判,稳住其情绪,尽可能在最短时间内摸清劫机者有无同伙、凶器、危险品,并辨别凶器、危险品的真伪,以及劫机目的等,将掌握的情况立即报告机长。
- 机长应及时将发现和了解的情况报告地面,报告内容应包括但不限于:本次航班的航班号、机型、机号和航路的位置;劫机者的人数、性别、国籍、民族、体貌特征、座位号码;劫机者劫机使用的手段、有无同伙、持何种作案工具;劫机者的要求、目的;机组人员采取的措施、有无人员伤亡、航空器损坏程度、燃油情况;机组人员的状态;驾驶舱是否安全。

② 遇劫后的处置:

- 处置时要讲究斗争策略,防止矛盾激化,避免出现激怒劫机者的任何言行,乘务组要稳定旅客情绪,并做好机上服务,配合空警/安全员实施处置。
- 全体机组人员要尽最大可能保护驾驶舱,可采取放置障碍物等方法不让劫机者接近或冲入驾驶舱;飞行机组应尽快将航空器下降到安全高度,进行释压。
- 在确认劫机者持有爆炸物、杀伤力强的武器或劫机者人数众多的情况下,机组人员不宜采取空中反劫机措施,应另外考虑方法与劫机者周旋(劫机者采取自杀性行为及造成机毁人亡的情况除外)。
- 以油量不足或天气、资料等原因与劫机者周旋,或谎称满足劫机者要求飞往某地,以麻痹劫机者。

- 加强客舱巡视，观察旅客动态，注意发现其他可疑情况。
- 空警/安全员或机组其他人员要视情况，主动设法接近劫机者，与其交谈或谈判，稳定劫机者情绪，尽可能摸清劫机者所持凶器、危险品或辨别凶器、危险品的真伪，有无其他同伙，以及劫机的目的等，以便了解劫机者的目的和心理，根据掌握的情况制定反劫机措施。
- 在无法及时与机长取得联系，而又确有把握制服劫机者的情况下，机组人员应配合空警/安全员果断采取措施，及时制服劫机者。
- 在航空器完全被劫机者控制的情况下，机组人员应满足劫机者的所有要求。但是，如果劫机者的行为危害航空器和旅客的生命安全或企图用航空器作为自杀式攻击武器时，机组人员应不惜任何代价将其处置，避免机毁人亡的后果发生。
- 机组人员按照地面的指令，飞行机组与空警/安全员密切配合，视当时的实际情况，在确有把握的前提下，在飞机着陆后滑行的过程中，以踩急刹车、飞机停稳的瞬间等，趁劫机者不备、易麻痹的有利时机，及时采取果断措施将劫机者制服。

③ 空中遇劫时机组之间的配合：

- 空警/安全员、乘务员应冷静、机智，乘务员、空保人员要想办法稳住劫机者，防止其冲入驾驶舱，并做好对客舱旅客的监控，用前舱餐车等物品阻挡劫机者进入驾驶舱的通道。
- 当空警/安全员被劫机者控制或无法明确身份时，乘务员应想方设法用电话或其他方法迅速报告机长。
- 乘务员应协助空警/安全员了解劫机者有无同伙，所带凶器等情况，以便有针对性地采取反劫机措施。
- 在判明情况确凿，确有把握的情况下采取反劫机行动。行动之前，空警/安全员和乘务员应按照预案实施，确保反劫机行动成功。
- 劫机者一般处于紧张亢奋状态，空警/安全员、乘务员应注意与其谈话方式，防止事态激化。

④ 遇有下列情形之一的，应在国内机场降落或寻机制服劫机者：

- 经周旋、谈判、观察等措施后，确认劫机者没有爆炸物、危险品、凶器或同伙。
- 劫机者虽手持刀具挟持人质相威胁，但没有其他凶器和爆炸物、危险品及同伙。
- 已确认劫机者无力对旅客和飞机构成威胁，不致造成重大伤害的。
- 因油量、天气、资料等原因，飞机无法安全到达劫机者要求的目的地。

⑤ 遇有下列情形之一的,机组人员为保证人机安全,在确保不造成更大危害的前提下,可满足劫机者要求：

- 劫机者确有爆炸物、可造成人机重大伤害的武器，或团伙劫机且无把握制服劫机者。
- 劫机者持凶器、爆炸物进入并控制驾驶舱。
- 在危及旅客、机组人员生命和飞行器安全的情况下。

⑥ 有下列情形之一的，机组人员应坚决采取有效控制措施：
- 劫机者以航空器为武器攻击地面目标，或炸毁航空器，伤害旅客和机组人员生命，制造机毁人亡事件，并已付诸行动的。
- 劫机者无力对人质和飞机造成危害。
- 劫机者主动投降。

⑦ 对自杀性劫机事件的处置：
- 机组人员应尽最大努力将航空器降落到最近的机场，对劫机者进行说服，争取劫机者放弃行动。
- 如在飞行过程中发现劫机者确有实施机毁人亡的行动时，应不惜一切代价，采取坚决措施，予以阻止。

本章小结

（1）空防安全：有效预防和控制人为非法干扰或扰乱民用航空运输活动正常运行的犯罪与行为，保证航空运输活动的参与人及其财产处于免受航空非法及扰乱行为的威胁或者损害的一种状态。

（2）空防预案是针对可能出现的空防不安全事件，为保证迅速、有序、有效地开展应急行动、降低事故损失而预先制订的有关计划或方案。具有针对性、可操作性、完整性、合规性。

（3）爆炸物是指为劫持、炸毁民用航空器而制作的带有起爆系统的爆炸装置，通常由包装物、炸药、起爆系统三部分构成。疑似爆炸物是指具备爆炸物明显外部特征的装置，如定时器、导线、导火索、雷管、各种炸药包装物等物品。

（4）空中发现爆炸物的处置程序：报告机长及组员，切断电源；调整旅客座位；对爆炸物进行鉴别；清舱并安排专人监控；尽快着陆并疏散旅客。

（5）机上纵火是指，在航空器内使用易燃液体等物质纵火，以达到毁坏航空器目的的行为。机上纵火使用包括气体、液体在内的易燃物质，故意放火或企图烧毁航空器或客舱设施设备。分为自杀性纵火和劫机性纵火。

（6）机上纵火处置原则：尽一切可能阻止歹徒实施纵火；如歹徒已纵火，要第一时间控制火情并迅速制服歹徒，防止其实施二次纵火等破坏活动；机组人员必须竭力阻止旅客在客舱内进行大范围的移动，确保飞机的配载平衡，避免飞机因失衡而坠毁。

（7）劫机，即以威胁、暴力或其他方法劫持飞行中的民用航空器、危害航空器内人员和航空器安全的犯罪行为。炸机是指使用爆炸品对民用航空器直接实施造成航空器或航空器内人员损害的犯罪行为。

（8）劫机的处置原则：安全第一、统一指挥、适时果断、地面处置、境内处置、机长领导、空地配合。

本章思考题

(1) 简述空防安全的定义。
(2) 简述空防预案的作用。
(3) 简述爆炸物处置程序。
(4) 简述机上纵火处置原则。
(5) 简述劫机处置原则。
(6) 简述劫机处置程序。

第三章 机组资源管理

本章导读

机组资源管理通过对人、机、环境的管理，有效调动人的主观能动性，加强机组的协调配合，创造良好的沟通氛围和平等友好的环境，整合飞机上的一切有效资源，以保持最大的飞行安全和效率。机组资源管理能有效加强团队协作精神，提高机组人员的沟通技巧，使机组合理分派工作任务，快速做出正确决策，充分、有效地运用可利用资源以达到安全有效运行的目的。

学习目标

知识目标

（1）了解机组资源管理的含义、发展历程及意义；
（2）掌握人为因素的定义及管理理论；
（3）熟悉威胁与差错管理；
（4）熟悉提升决策的有效措施。

能力目标

（1）掌握人为因素的管理理论；
（2）提升运用机上有效资源的能力。

素养目标

学生通过学习机组资源管理，树立正确的价值观，增强团队协作意识。

学习重点与难点

重点：人为因素、威胁与差错管理。
难点：人为因素管理理论。

第三章　机组资源管理

本章关键词

机组资源管理（Crew Resource Management）　　人为因素（Human Factor）
威胁与差错管理（Threat and Error Management）　　决策（Policy Decision）

互联网资料

中国民用航空局官网
中国民航网
民航资源网

第一节　机组资源管理概述

一、机组资源管理的含义

机组资源管理（Crew Resource Management，CRM）是指，合理地利用一切可以利用的资源，识别、应对威胁，预防、觉察、改正差错，识别、处置非预期的航空器状态，以达到安全有效运行的目的。通过提高机组人员的有效沟通、团队协作，以及合理的资源配置，从而帮助机组人员做出正确决策，以体现机组资源管理的核心内容——权威、参与、决断、尊重。机组资源管理的对象包括人、环境、硬件、软件等方面及其相互之间的关系。

（一）C——Crew，机组

早期的机组资源管理仅指针对飞行机组的管理。随着机组资源管理的广泛应用，机组资源管理的内涵更加广泛，机组不仅包括飞行机组、客舱机组，还包括空中交通管制人员和机务维护人员，以及包括运行指挥等与飞机安全运行相关的所有人员。具体来说，机组包括飞行机组、客舱机组、空中交通管制人员、机务维护人员、签派人员、清洁人员、航空食品人员、航空公司管理人员等。

（二）R——Resource，资源

在机组资源管理中可将资源归为四类，即人力资源、硬件资源、信息资源、消耗资源。

人力资源，指的是在一定范围内人所具有的劳动力的总和，或者说，能够推动整个经济和社会发展、具有智力劳动和体力劳动能力的人们的总和。人力是一种可开发的资源，机组资源管理通过训练机组人员的飞行技术、专业化技能、团队协作技巧等方面，从而提高机组人员的工作能力及效率。硬件资源指的是，以飞机和设备为载体的资源，包括飞机、机载设备、机场车辆、导航设备等资源。信息资源指的是，以法律法规为代表的软件资源，包括手册、程序、检查单、规章制度等软件因素的资源。消耗资源指的是，以人的精力、飞行时间、航空油料、航空食品等为代表的在航班运行中的消耗品。人的精力和飞行时间是一种无形的资源，而航空油料和航空食品是给飞行活动带来动力的易消耗品，是有形的资源。

（三）M——Management，管理

管理是指为达到某一目的而综合有效地利用一切可利用的资源的过程，协调地运用人—机—环境中的一切资源来达到目标。机组资源管理的本质是系统的管理，包括高效的技术培训、良好的安全理念、可靠的报告系统、严谨的科学评估、及时的信息反馈、合理的激励机制等。机组资源管理的主要目的是围绕安全和效率进行管理。

总体来说，机组资源管理的主要手段包括沟通、反馈、决策，如图 3-1 所示，它在某种程度上反映了机组成员的情景意识水平及沟通决策能力。机组资源管理贯穿于整个飞行过程，程序、检查单的设计很大程度上也是为了便于加强机组资源管理。所以，每每发生事故，我们都能够看到"机组资源管理不善"的影子，"机组资源管理不善"引发的严重不安全事件更是不胜枚举。

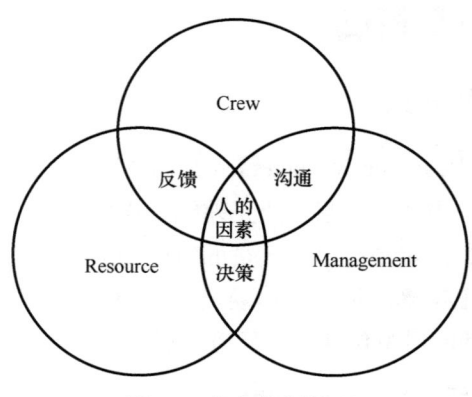

图 3-1　机组资源管理

二、机组资源管理的意义

机组资源管理的核心是调动人的主观能动性，加强机组的协调配合，创造良好的沟通氛围和平等友好的环境，有效整合机组人员可利用的所有资源，以保持最大的安全和效率。在机组资源管理中，高水平的个人技术能力是安全运行的基础，机组协作是在此基础上纠正个人失误、提高安全水平的有力保障。

为了提高运行环节中飞行机组与其他成员之间的工作效率，机组资源管理的训练范围扩大到了驾驶舱外。客舱乘务员学习机组资源管理不仅可以加强团队合作，还可以了解飞行机组的工作特点，特别是能够在需要双方协同解决的问题上，如航班延误、颠簸及应急撤离等，培养良好的沟通和处理问题的能力。

三、机组资源管理的背景及发展历程

（一）机组资源管理的背景

1978 年 12 月 28 日，美联航一架载有 189 名旅客的 DC-8 型客机在俄勒冈州波特兰国际机场着陆时坠毁。当飞机放下起落架后，机组人员发现有一个指示灯没亮，这意味着起

第三章 机组资源管理

落架可能存在故障。机长随即决定不再继续进近，让飞机盘旋飞行，以便机组人员确定起落架是否存在问题，随着盘旋飞行的时间越来越长，燃油量降到了危险水平。机长专注于不亮的指示灯，而未关注飞机的整体状况，尽管飞行机械员再三告知燃油越来越少，机长却充耳不闻，最后当他作出反应并试图着陆时，为时已晚，飞机没有抵达跑道就坠落到郊区，造成机上10人死亡。对事故的调查表明，飞机的唯一问题就是，该指示灯出了虚警。机长的错误不在于他想要排除一个可能危及生命的机械故障，而在于他没有在高度紧张的情况下对操控飞机的其他关键因素给予足够的注意。此次的事故报告首次提到机组资源管理，开始关注机组原因对民航安全的影响。

此次事故恰好发生在美国国家航空航天局对20世纪50年代末开始的典型空难失事原因进行调查的阶段。这次调查也清楚地表明，70%以上的事故原因或多或少都涉及人为因素。更令人吃惊的是，大多数人为因素都不是技术上的缺陷，而是在沟通、合作和决策等方面出现了问题。特别是技术娴熟的飞行员，他们并非欠缺专业技术，而是缺乏在沟通和机组管理方面的训练。为了加强机组之间的配合与协作，降低人为因素对飞行安全的影响，1979年机组资源管理的概念问世了。

（二）机组资源管理的发展历程

1979年，美国国家航空航天局在飞行机组资源管理行业专题研讨会上提出了机组资源管理的概念。最初的CRM训练意味着机组资源管理的出现和兴起。20世纪80年代初，美国国家航空航天局给出了关于如何达到集体最优协同工作的实践指导，强调机组之间的信息沟通、任务分配、相互监督对协同分工和集体决策的重要性，即作为一个团队工作时，使1+1的结果大于2，这被称为机组资源管理的全新原理。同时，机组资源管理在几家大的航空公司（泛美航空公司、美国联合航空公司、荷兰皇家航空公司、环澳大利亚航空公司等）中得到了开发与进一步完善和发展。人们认识到，通过训练能改善飞行机组成员之间的良好配合，使之协调合作，确保飞机安全飞行。

在过去的40多年里，机组资源管理的概念不断发展，大致可划分为6个阶段，如图3-2所示。

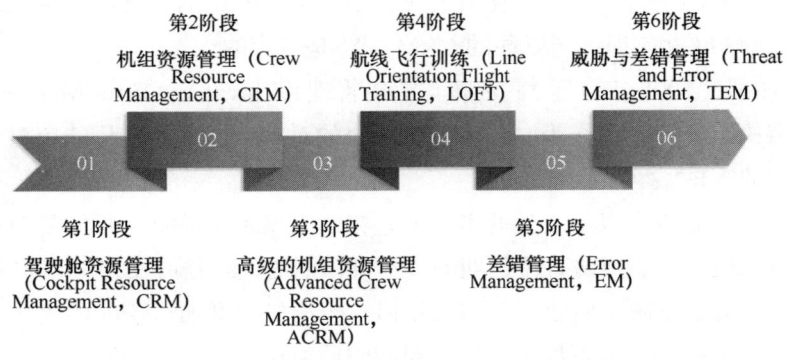

图3-2 机组资源管理的6个阶段

1. 第 1 阶段（1980—1986 年）：驾驶舱资源管理（Cockpit Resource Management，CRM）

最初驾驶舱资源管理的训练由美联航于 1981 年开设，这一训练是在一个咨询机构的帮助下开发出来的，关注个人管理的方式和人际技巧。该训练强调个人行为方式的改变和纠正一些不良行为，主要为了确保在副驾驶缺乏自信的情况下，机长能接受副驾驶的合理建议。在这种训练中，飞行员可以在实际飞行中练习人际交往的技巧。

2. 第 2 阶段（1986—1990 年）：机组资源管理（Crew Resource Management，CRM）

1986 年美国国家航空航天局设立了 CRM 工作小组，开始注重团队的管理，关注驾驶舱的情景意识和压力管理，发展出错误链的模型和个人决策模型。训练机组之间的独立决断，增强简令意图，开始把驾驶舱里的两个人考虑为一个整体。

3. 第 3 阶段（20 世纪 90 年代初期）：高级的机组资源管理（Advanced Crew Resource Management，ACRM）

这一阶段的主要的特征是注重人的作用，强调人为因素的研究，再次将机组的范围扩大，把客舱乘务员、空中交通管制人员、机务维护人员、签派员等与飞行相关的人员涵盖进来，作为一个系统来研究。同时将 CRM 融入技术训练中，行为表现的数据作为训练的基础，将 CRM 程序化，在检查单中融入 CRM 项目，在全模拟的情景中评估人的因素。

4. 第 4 阶段（20 世纪 90 年代末期）：航线飞行训练（Line Orientation Flight Training，LOFT）

引入了性能数据引导训练工作，将机组资源管理的专业训练一体化、自动化，形成专门的课程主题，在航线飞行训练中加强人为因素的程序化训练，以适应公司的特殊需要。这种训练程序由于强调课程的适应性，将 CRM 的概念融入飞行技术训练之中，有助于提高机组的训练质量和飞行机组的素质。

5. 第 5 阶段（1995—1998 年）：差错管理（Error Management，EM）

回到最初 CRM 的概念，即避免人的差错。第 5 阶段 CRM 的前提基于一个假定——人的差错是普遍存在和不可避免的，并且强调信息来源的重要价值。如果人的差错是不可避免的，CRM 就可以看作一个对抗人的差错的工具。现阶段 CRM 的主要目标是着手于差错的标准化和发展控制差错的策略。在航线飞行中，关注差错的管理可以给机组成员提供较好的反馈。目前的 CRM 训练与以往的 CRM 训练是兼容的。

6. 第 6 阶段（1998 年以后）：威胁与差错管理（Threat and Error Management，TEM）

着眼于将机组资源管理作为一系列防止威胁的对策，出现差错后的应对与管理，即非计划飞行状态的管理。

威胁是指机组影响力以外发生的事件或差错，它增加了航空运行的复杂性，需对其加以管理以保障飞机安全。威胁有可预期的、不可预期的，或是潜在的。TEM 模式认为，这些复杂情况及关联是威胁。威胁不是错误，但它会给机组增加出错的可能性。

差错是指机组的作为或不作为，导致对组织或机组的意图或期望的偏离。对差错的不管理或错误管理会导致非预期的状态，运行中的差错会增加不安全事件的发生。

由于威胁和差错都会伴随产生潜在的危险,所以威胁和差错是机组必须管理的一部分,这在很大程度上能够避免不安全的后果。

第二节　人为因素

一、人为因素概述

多年来相关机构对航空事故的调查表明,导致航空器事故和事故征候的主要原因是人为因素。若想降低事故率,就需要更广泛、主动地应用人为因素的理论知识去提升安全管理水平。航空事故调查表明,在多人制机组运行的过程中,大部分事故与事故征候都涉及机组资源管理的问题,其中主要包括沟通不畅、不妥当的决策、不能胜任的领导、情景意识不足、资源管理不当等。其主要原因在于,传统飞行训练的重点在于培养飞行员的飞行技术,体现为技术知识与操纵技能,偏重于个人的表现,对心理、情绪、决策、效率等方面关注不够。

（一）人为因素的定义

人为因素实际上就是人的因素,是指从"人—机—环境"的系统观点出发,研究人在其中的影响和作用。在航空业,把造成航空器事故的原因称为因素,构成事故的因素有人、机、环境三类。这里的"人"并非仅指飞行机组,还包括所有参与航空器运行的人,如飞行机组、乘务机组、机务人员、空中交通管制人员、气象预报人员等。在航空业中,人为因素是最灵活、最易变、最有价值,同时也是最容易受到侵害的一部分,它贯穿于航空器运行的各环节,且起着主导作用。

（二）导致人为差错的因素

容易导致人为差错的因素有很多,主要包括个体因素、群体因素、环境因素、组织管理因素、压力、疲劳等。

1. 个体因素

个性特征包括人的性格、能力、素质等。不同性格特征的人在处理信息的过程中的反应方式是不一样的。具体来说,感觉视角、知觉模式、关注要点、记忆速度、思维方式等都不尽相同,因此把这些人在处置过程中反映出来的不同称为个性特征。当处于危险情况时,个体所处的状态不同,对外界刺激的反应也不同,个体状态主要包括人的生理状态、心理状态和训练水平等。

2. 群体因素

群体作用的强弱取决于群体意识的强弱。在安全意识较强的群体里,大多数成员能保持安全的操作行为;相反,在安全意识薄弱的群体里,成员们为了省时省力,往往倾向于不安全的行为操作,从而导致失误。群体可以满足个体心理需要、增加勇气和信心,有助于消除单调和疲劳,激发工作热情,提高工作效率,产生助长作用;反之,则会产生抑制作用。

3. 环境因素

飞行运行的很多环境因素都会使人进入疲劳、厌倦及紧张的状态，会分散人的注意力，提高人为的差错率。例如过热、过冷，气压太高、太低，或变化太快，噪声过大，湿度过大或过小，频繁地颠簸、抖动，光线太弱或太强，空气含氧量低，天气恶劣，飞机故障，外界的各种干扰等。

4. 组织管理因素

管理过程对安全的影响主要体现在运行、程序、监督三个方面。比如说组织上决定加快运行节奏，但它大大超出了监督人员的能力范围，因此监督人员就不得减少员工的休息时间，或者做出不佳的机组搭配，这就不可避免地增加了安全风险。

5. 压力

压力是人类的一种特殊的情绪状态。它是个体通过对自然环境和社会环境，包括个体本身刺激的认知评价而产生的生理及心理上的反应，主要表现为出乎意料的紧迫与危险情况引起的高度紧张的情绪。适当的压力能改善工作，但在巨大的压力下，可能产生恶化的情绪：畏缩、惧怕，团队工作受到损害，心理承受力受到影响，认知力、理解力、决策力下降。

6. 疲劳

人在疲劳时，技能感觉会弱化，听觉和视觉会降低，眼睛运动的正常状态被破坏。疲劳的加深，也可能引起心理活动上的变化，人的注意力会变得不稳定，关注范围变小，注意力的转移和分配发生困难。人在变得疲劳的过程中，记忆力也会变差，创造性和思维能力明显降低，反应速度也变慢，行动的准确性也会下降，动作的协调性受到破坏。人在作判断时的错误增多，因而对潜在事故发生的可能性，以及应对方法就考虑不周，甚至出现差错，导致事故的发生。

（三）控制人为差错的方法

人为差错是航空不安全事件的主要因素，想要保证飞行安全，就需要最大限度地控制人为差错的发生。首先，要提高运行人员的综合素质。其次，要建立健全的规章制度。最后，采取必要的防范措施。

1. 提高运行人员的综合素质

首先，应对运行人员进行定期的业务培训。通过模拟机、实操演练等手段让运行人员达到对系统熟悉，对程序理解和正确运用的水平，既要防止他们死搬程序，又要防止他们超出程序的行为。其次，倡导健康科学的生活方式，保证运行人员在执行任务前心情愉快，睡眠充足，使之处于良好的生理、心理状态。再次，要加强职业道德的建设，提高工作责任心，培养严谨、沉着的工作作风和敬业爱岗的美德。又次，要定期进行安全教育，采用多样化的教育形式，使机组人员始终保持适度的心理紧张程度。最后，要强调团队精神，建立组员之间相互联系和合作的关系，减少人为差错的发生，并将差错的影响降到最低。

2. 建立健全的规章制度

充分利用工作程序和现场督察等控制手段，防止人为差错的发生，并在实践中狠抓落实，使每一个机组人员有所遵循，在一个规范有序的安全环境中工作。

3. 采取必要的防范措施

根据墨菲定律，凡是容易发生差错的地方就一定会出差错。统计表明，在航班运行中，的确有一些程序、场地、设备、操作等是容易诱发人为差错的地方。对极易出现差错的地方应提前设置防范预案，尽可能地避免或降低出错的概率。

二、沟通交流

无论是对驾驶舱机组还是对客舱机组，有效沟通都是安全运行的关键因素，有效沟通在团队中起着非常重要的作用。成功的团队领导者把沟通作为一种管理的手段，通过有效沟通来实现对团队成员的控制和激励，为团队的发展创造良好的心理环境。团队成员应统一思想，提高认识，克服沟通障碍，实现有效沟通，为实现个人、团队和组织的共同发展而努力。

（一）沟通的概念

沟通是人与人之间、人与群体之间思想与感情传递和反馈的过程，以求思想达成一致和感情的通畅。在沟通过程中，发送者凭借一定的渠道，将信息传递给接收者，以求对方完全理解发送者的意图。

有效的沟通，是通过听、说、读、写等载体，将思维准确、恰当地表达出来，以促使对方接受。有效的沟通需具备两个必要条件：首先，信息发送者要清晰地表达信息的内涵，以便信息接收者能准确地理解；其次，信息发送者要重视信息接收者的反应，并根据其反应及时修正信息的传递，避免不必要的误解。

信息的有效程度取决于以下两方面。一是信息的透明程度，公开的信息并不意味着简单的信息传递，要确保信息接收者能理解信息的内涵。当一则信息作为公共信息传播时，它必须是公开的，不应该导致信息的不对称。二是信息的反馈程度，有效的沟通是一种双向行为，而双向的沟通对信息发送者来说应得到充分的反馈。只有沟通的主体、客体双方都充分表达了对某一问题的看法，才真正具备有效沟通的意义。

（二）沟通的障碍

沟通障碍是指信息在传递和交换过程中，由于信息意图受到干扰或误解，而导致沟通失效的现象。人们在沟通信息的过程中，常常会受到各种因素的影响和干扰，使沟通受到阻碍。沟通的障碍包括：不良的态度，一方认为沟通是不必要的，不交谈、不倾听、不提问，若一方不愿交流就很难沟通；等级观念，等级观念使人比较容易与同级的人沟通，而不愿意与高一级的人沟通，如机组之间的职权差异也影响沟通；不同的文化背景，东西方文化差别，母语与外语的差别都影响沟通；个人的生理状况（如身体不适、疲劳），心理状况（如自我意识过剩），工作负荷过重等都会让人产生不愿交流的情绪，人如果工作繁忙就会造成顾此失彼，注意力分配不当；语言技巧，包括语音、语调、语速、语词的选择、语言感染力等，口齿不清、犹豫不决、面部表情和身体语言不当等均会产生交流困难。

（三）沟通的原则

沟通中要遵循四个原则，即量的原则、质的原则、关系原则及规矩原则。量的原则是指，确定所说的能提供必要信息，不提供过多的不必要信息；质的原则是指，不讲错误的内容，不讲没有事实依据的言论，保证沟通内容的真实性；关系原则是指，沟通的内容要有逻辑，语言要有联系；规矩原则是指，讲话清晰、避免歧义、简明扼要、条理清晰。

（四）有效沟通的要素

若想让沟通变得有效，发送信息者要清晰地展示信息，包括必要的细节，且真实可信。接收信息者需做好倾听的准备，若有不理解的地方应及时提出，并信任发送者的信息。与此同时，所选择的信息传递方式要适合收发双方的情况和需要，信息的内容要在某种程度上与接收者已有的认知达成共识。

（五）乘务机组的沟通交流

乘务组在沟通时乘务长应注意分析乘务组成员的性格。一个乘务组内的人员性格各异，有人性格内向，有人性格外向，有人是踏实肯干型，有人是智慧型。作为乘务长要及时发现每一位组员的优势，保持沟通渠道畅通，注重角色互补，营造稳定、和谐、愉快的氛围，形成乘务组成员之间的协同效应。

（六）飞行机组与乘务机组的沟通交流

由于有驾驶舱门这道屏障存在于驾驶舱与客舱之间，客观上阻碍了飞行员与乘务员之间的交流，也造成了飞行机组与乘务机组之间的沟通不畅，导致了飞行机组和乘务机组缺少对对方工作的了解。传统的观念总是认为，飞行机组主管安全，乘务机组主管服务，这种认识会在很大程度上造成对对方的不信任，削弱团结协作的观念，导致飞行机组和乘务机组在履行职责和实施任务上出现偏差和冲突。机组资源管理推倒了驾驶舱与客舱之间的沟通障碍，飞行机组和乘务机组也可以保持随时的沟通与交流，让授权行之有效，克制不良情绪，倡导沟通文化，共同保障飞行安全。

三、团队协作

（一）团队的定义

团队是由基层和管理层人员组成的一个共同体，为达到共同的目标合理利用每一个成员的知识和技能，协同工作，解决问题。简而言之，团队是为了一个共同目标而一起努力的一群人，团队中的成员相互依赖性强且紧密结合。随着科学技术的飞速发展，新的设备和设施不断地投入使用。实践证明，在保证航班安全运行中，个人的专业技能并不是绝对的决定因素，安全与否取决于机组全体成员是否协调配合、取长补短，发挥小组的整体功能。航班安全生产依靠三大支柱，即设备、管理和人为因素。设备是基础，管理是前提，人为因素是实现安全运行的根本因素。

（二）团队的构成要素

团队有几个重要的构成要素，简称为 5P，即目标（Purpose）、成员（People）、定位（Place）、权力（Power）、计划（Plan）。

1. 目标（Purpose）

团队应该有一个既定的目标，为团队成员导航，知道要去向何处，没有目标团队就没有存在的价值。在团队中失去目标，团队成员就不知道去向何处，团队存在的价值就要大打折扣。团队的目标必须跟组织的目标一致，此外还可以把大目标分成小目标，具体分给各个团队成员，大家协同实现这个共同的目标。在航班生产运行中，机组成员的共同目标就是保障航班飞行正常。

2. 成员（People）

成员是构成团队的最核心力量，2 个（含）以上的成员就可以组成团队。团队的目标是通过成员来具体实现的，所以成员的选择是团队中非常重要的一个部分。不同的成员通过分工来共同完成团队的目标，在成员的选择上要考虑成员本身的能力如何，专业技能是否互补，成员的经验是否丰富。

3. 定位（Place）

团队的定位包含两层意思：一是团队的定位，团队在企业中处于什么位置，由谁选择和决定团队的成员，团队最终应对谁负责，团队采取什么方式激励成员；二是个体的定位，各位成员在团队中扮演着什么角色，是统筹计划者，还是具体实施者，抑或是监督评估者。

4. 权力（Power）

一般来说，团队中领导者的权力大小跟团队的发展阶段相关，团队越成熟，领导者所拥有的权力相应地就越小。但在航班生产运行中，作为机组团队中的领导者，机长或乘务长的领导权是相对比较集中的，主要就是掌管客舱，甚至是整架飞机的飞行运行安全。

5. 计划（Plan）

目标最终的实现，需要一系列具体的行动方案，可以把计划理解成目标的具体工作的程序，例如客舱服务流程、飞行检查单等。提前按计划进行可以保证团队工作的顺利实施。只有在计划的操作下团队才会一步步地贴近目标，最终保证目标的实现。

（三）团队协作的基本要素

团队协作有 3 个基本要素，即分工、合作和监督。

1. 分工

个人独立工作并无分工的问题，一项单人就可以胜任的工作，一般会指派给专人负责。如果是两人协作，彼此则可以通过平等的协商和沟通从而对工作量和工作内容进行有效的分配。一个乘务组是由多名成员组成，在工作量与工作内容的分配问题上，难以通过彼此的平等协商和沟通而得出一个绝对有效并令众人都满意的方案，仅有分工是远远不够的，还需要合作和监督机制。

2. 合作

有分工，就要有合作，即彼此相互配合。在机组成员的协作中，由于人员构成简单，彼此了解，则合作、协调、沟通的难度就远低于其他行业的团队协作。

3. 监督

监督作为一种协作手段，在机组成员的管理过程中，对建立起良好的团队协作至关重要，团队间相互监督是不可忽略的重要环节。机组相互配合共同完成航班中的各项任务，如果缺乏有效的监督，会导致有些工作落实不到位，出现安全或服务上的工作隐患。

（四）实现团队协作的条件

团队若想实现有效的协作，应做好以下几方面工作：首先，应要求团队的每一名成员胜任自己的工作，一个机组就是一个团队；其次，一个好的团队并不一定是由最好的成员组合而成的，但各成员之间的协作将直接影响团队的表现，所以能够实现互补是团队协作的基本条件。如果成员之间不能很好地配合，那么相互协作的效果将变得很差，团队协作将不能达到"1+1>2"的效果。良好的协作会带来意想不到的效果，其效率远远高于单纯的人员相加。那么，如何实现团队协作？除每个人做好本职工作外，还应做到以下几点：

1. 明确的工作目标

明确的工作目标能够使团队成员统一认识，增强团队成员的战斗力和意志力。

2. 良好的沟通机制

建立良好的沟通机制，如航前的协作会，为机组成员提供交流的平台，增强组员之间彼此的信任。

3. 有效的奖励机制

奖励机制包括物质奖励和精神激励，精神激励则更有效。每个人都希望被别人认可，希望自己的努力被别人了解。肯定组员的工作，在团队协作中也是必不可少的一项工作。

（五）团队协作的作用

安全是航班运行的根本保障，它是整个民航业的目标。民航安全管理不但强调保护自身员工的健康和人身安全，更突出的是，要保护乘坐民航客机的所有旅客的健康和人身安全。团队协作在航班安全运行中发挥着两方面的作用：

1. 保证组织任务的完成

团队是执行组织任务的有力工具，它承担了组织分配的职责和任务。在团队内部将任务和责任落实到个人，使其更加具体并易于管理，且有较高的工作效率，能够集思广益、促进沟通，有利于做出更好的决策。同时团队对个人的行为起着无形的作用，它的控制和影响力能起到规章制度和纪律所起不到的作用。

2. 满足个人心理需要

团队能够满足个人的安全、社交、情感、自尊、认可的需要，从而增加个人的满足感和组织的稳定性，降低人员的流动。团队中的个人能得到别人的帮助、支持和具体指导，不仅能弥补组织的不足，而且能增强士气和自信心，协助个人达成组织目标。团队可以对个人提供精神上的援助与关心，协助个人解决困难，同时可以在一定程度上保障个人免受侵犯。

总而言之，就目前我国航空运输的生产实践来看，企业对团队的最佳协作方式已有了一定的认识，并且已把团队协作的科学理念引入到了安全运行中。例如现在国内一些航空公司在安排机组执行航班任务前，已经考虑机组成员的合理搭配，参照航空发达国家的做法，通过个人信息库与优化程序选择，利用智能化排班，这样就能有效规避团队行为中的某些惰性因素干扰运行安全。

团队角色的扮演最重要的是，应该尊重角色的差异，因为有差异才可以互补。团队中每一个角色都很重要，只有协作才能创造完美的团队。没有完美的个人，但有完美的团队，所以一个领导者对一个团队来说很重要，是组织成败的关键，其思想观念、心理素质、个人能力不仅影响个人的工作绩效，而且影响其部下和群体作用的发挥，甚至影响整个组织的行为和绩效。

第三节　威胁与差错管理

一、威胁概述

（一）威胁的定义

威胁是超出机组影响范围发生的，增加了运行的复杂性，为了保证安全必须加以管理的事件或差错。在飞行运行过程中，机组人员必须管理各种环境的复杂性，例如，不利的气象、天气和地形，繁忙的机场，机械故障，以及其他人员造成的差错。这些复杂性会降低安全裕度，并可能对航空器运行造成负面影响，这些复杂性都被视为威胁。威胁增加了出错的可能性，会导致情景意识下降和决策失误。机组人员需要良好的情景意识，以预测、识别和管理威胁。

（二）威胁的分类

威胁有三类，预期的、非预期的和潜在的，这三类威胁都会降低安全裕度。

1. 预期的威胁

有些威胁是可以被预见的。例如恶劣的天气、繁忙的机场、障碍物、载重平衡、已知的鸟类或野生动物等。

2. 非预期的威胁

非预期的威胁是出乎意料的、突然的、毫无征兆的。机组人员往往是通过培训和实际飞行经验来处理。例如飞行中的故障、未知的天气、未知的通信干扰、障碍物、未知的鸟类或野生动物等。

3. 潜在的威胁

潜在的威胁可能并不明显，需要通过专业的安全分析才可能被发现，或需要机组人员通过缜密的分析及经验才能发现。被视为潜在威胁的有组织文化、组织变更、运行压力等。

二、威胁管理

威胁管理是差错管理的一个组成部分，处理不当的威胁通常与飞行差错相关联。管理威胁能在根源上避免对安全的影响，是保证安全的最积极主动的方案。随着学习和经验的积累，机组人员能够更好地预测威胁可能发生的时机，不论是预期的、非预期的，还是潜在的。衡量机组人员管理威胁能力的标准是，其能够预见威胁，并通过采取适当的措施来应对威胁。机组人员是威胁的管理者，是阻止威胁影响飞行安全的最后一道防线。

三、差错

（一）差错的定义

差错是偏离机组或组织的意图或期望，降低安全裕度，增加发生不安全事件可能性的机组人员的作为或不作为。不安全事件可能是航空器操作失误、程序差错或沟通失误等。差错一般是由于注意力分配不当、注意力分散或主观判断失误而产生的，从其本质上讲是无意识的。

（二）差错产生的原因

造成差错产生的主要原因可归结为两类，即内部环境和外部环境。

造成差错的内部环境包括：疲劳，当人过于疲劳时，连续飞行会削弱人的判断力，对安全和效率都将产生不良后果；身体不适，当人在身体不适的状态下执行航班任务，可能会因为体力缺乏或感官幻觉等问题导致错误操作或决策，从而影响飞行安全；专业技能薄弱，专业技能薄弱会导致在遇到特殊情况时，由于判断失误而进行错误的处理；个体间的冲突，人与人在一起工作时，可能会产生一些矛盾和个体冲突。

造成差错的外部环境包括无法预料的气象条件、飞机故障、不良的技术标准或维护、错误的信息等。

（三）差错的分类

差错有三种基本类型：认知差错、技能差错和决策差错。认知差错是指人员面对特定任务做出本能或习惯性的自发响应时发生的错误，通常分为注意力差错、记忆差错和技巧差错。技能差错是指个人对客观事物的感知、认识与实际情况发生偏差所导致发生的差错，通常包括视觉出现幻觉、方向感缺失、程序执行错误、条件判断失误等。决策差错是指由于受主、客观因素的影响，在明知某些行为是不恰当或不安全的情况下而有意为之，可能本意是好的，但实际结果却发生了决策上的差错。决策差错通常分为三种情况：选择程序时的决策差错、选择方案时的决策差错、解决问题时的决策差错。

差错按照严重程度还可分为可逆转差错和不可逆转差错。可逆转差错是指差错产生时还不会威胁到安全；不可逆转差错则指差错产生时已经威胁到安全。不可逆转差错是由特殊环境等因素综合造成的，当这些因素对安全的威胁增加时，不可逆转差错也可被称为关键性差错。

（四）差错的影响

差错所造成的后果是不尽相同的，但差错的本质是一样的，都是由于注意力分配不当或注意力分散而导致的，并不是所有差错都会引发事故的发生，需清楚地区分差错和差错所造成的结果。

（五）差错与行为的关系

1. 差错链

时间性差错会产生更多和更负面的影响，并且会随着时间的延续而不断扩展。差错所造成的负面影响在条件发生变化后，会产生新的差错。系统安全理论指出，事故的发生往往不是孤立事件的结果，而是多种系统缺陷积累到一定程度的结果，这一系列的相关因素称之为链。差错的连锁反应在一定条件下会引发事故征候，甚至是飞行事故。

2. 差错与行为的关系

飞行系统是一个容差系统，即在任何灾难事件发生之前，它都能包容一定程度的差错，换言之，系统会包容一些已发生的差错，但这并不意味着它能接受所有的差错。大多数事故都是由于非警觉的差错和特殊环境等综合因素造成的，这些因素尽管后果不同，其本质都是相同的。要记住，容差系统没有完全的包容性，所以当你察觉到差错时，就必须进行及时纠正。这样，短期的行为适应了当时的情况，差错得以纠正，而长期的利益是从差错中吸取经验和教训，形成一种思维定式，那么长期的行为就会得以纠正。长此以往，人们就会觉察到更多的差错，不断地改善短期行为，从而对各项工作和活动形成良好的思维定式。

四、差错管理

差错是人类行为所固有的，不可能完全消除它，但可以控制它，尽量减少差错的发生，这就是差错管理。

（一）差错管理的方法

1. 接受错误

差错是人正常行为的一个组成部分，所以要接受所犯的错误，在差错还不会产生十分严重的后果时及时止损。

2. 防止有威胁的差错

有威胁的差错通常能导致事故或产生十分严重的后果，防止那些威胁安全的差错，不应给差错形成连锁反应的时间,及早采取相应的防范措施。

3. 提高技能

提高技能是减少人为差错的基础,许多错误的产生都是由于机组人员缺乏基本的理论知识,专业技能不熟练所造成的。

4. 改善不良行为

加强机组资源管理,良好的沟通和密切的合作都有助于差错的防范。

5. 不做超出个人能力的工作

当人感到吃力时,就可能会犯错。应该安排好优先顺序,管理好时间和工作量,人在忙乱或超负荷的情况下,会产生更多的差错。

6. 改善航空系统的管理

改善航空系统的管理是从系统或组织机构的角度来减少差错。从系统安全的观点来看,个人的失误应是管理人员的警钟,是一种可能的征候,表明由于困难的工作环境、政策和程序的瑕疵、资源分配不合理或系统机构的缺陷,工作人员作为个人不能够实现系统目标。这就要求系统的管理者从组织机构的角度考虑人为因素问题,采取必要的改进措施,从根源上解决这些缺陷。

（二）差错管理的意义

在飞行中,如果没有对差错进行有效的管理,它会随着时间的延续不断扩展,一个简单无意识的差错可能会引发差错的连锁反应,从而造成不安全事件。既然差错可能导致事故,机组人员就应当具备对差错的管理能力。在航空运行系统内,规范的差错管理工具有标准的操作程序、指令、检查单、标准喊话、近地警告系统等,这些都可以对差错进行有效的管理,但是一旦差错穿过层层壁垒,事故征候或事故就会发生,如图3-3所示。

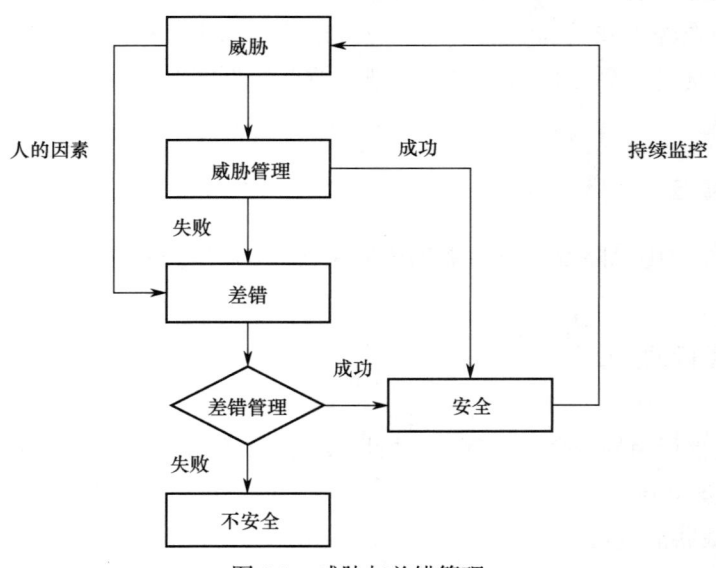

图3-3　威胁与差错管理

所以对飞行中差错的管理，就是用人为因素的方法对飞行中存在的威胁和差错进行探索，通过实践，找出预防差错的方法，再精益求精地选择出最佳的方法，以达到提高安全标准的目的。

第四节 决策

一、决策概述

（一）决策的定义

决策是人们在日常工作和生活中普遍存在的一种行为，是管理中经常发生的一种活动，它是为了实现特定的目标，根据客观的可能性，在占有一定信息和经验的基础上，借助一定的工具、技巧和方法，对影响目标实现的诸多因素进行分析、计算和判断选优后，对未来行动作出决定。从心理学角度来看，决策是人们思维过程和意志行动过程相互结合的产物，没有这两种心理过程的参加，无论什么人也做不出决策。所以决策既是人们的一个心理活动过程，又是人们的行动方案。

（二）决策对安全的影响

在飞行中，特别是在特殊情况下，需要机组人员及时作出决策，如中断起飞、系统故障、不稳定进近情况下的复飞等。由于现代客机都趋向智能化，机组人员的任务已变成对飞机状态进行监控、获取信息、评估信息，以及对信息做出反应。决策的普遍性和重要性相应增加，则连续捕获的系统信息及其评估后所做的决策就对飞行安全变得十分重要，因为它将引导机组人员下一步所采取的行动。实际上，恰是这些决策和相应的动作影响了飞机系统，从而影响飞机的性能和飞行安全。可见决策的过程就是解决安全问题的过程。

二、影响决策的因素

影响决策的因素主要有情景与风险评估、知识与经验、组织管理、外界压力等。

（一）情景与风险评估

机组人员从情景中寻找、鉴别和评估当前目标是否存在威胁是进行决策的第一步。准确的情景评估建立在高情景的意识水平之上，许多错误判断就是由于情景意识不足，使得信息整合分析失败，情景评估无法及时更新而导致的。机组人员的专业技能在情景评估中也起着至关重要的作用。决策总是伴随着时间压力和不确定性，而经验丰富的机组人员则具有更快速、有效诊断出问题情景的能力，这使他们能够在短时间内对复杂情景做出更准确的评估，并利用已储存的专业知识做出更有效的决策。

风险评估指个体对外部环境的潜在危险进行的主观认知和评价，通过两种途径对决策产生影响。一是机组人员准确评估了外部情景，但是由于知识经验和能力限制，未能准确意识到情景中的风险，即在低风险知觉水平下无法及时采取有效行动，避免或减缓风险；二是机组人员正确评估了外部情景和情景中的风险，但由于某些动机认为情景中的风险不足为惧，进而导致不安全行为的发生。

（二）知识与经验

研究发现，有经验的机组人员能够更准确地进行决策，而经验较少的机组人员则表现出更高的冒险倾向。知识与经验能够帮助机组人员在动态变化的时间压力情景下不断转换注意力，以便机组人员更快速、准确地进行情景评估和风险评估，以及预测问题发生的可能性，同时有助于机组人员快速地做出准确决策。

（三）组织管理

决策错误属于人的不安全行为，而人的不安全行为只是现行失效，在其之上存在着更高水平的潜在失效，即组织管理失误。近年来的事故报告分析结果表明，管理层的错误决定直接影响了监管的有效实施，间接影响了机组人员在飞行过程中的决策。组织规范标准和行为的决策体现着管理层对飞行安全的重视程度。低水平的组织管理很可能会混淆机组人员对安全飞行的看法，间接影响飞行安全，如飞行机组在恶劣天气条件下进行复飞决策时，可能会为了将旅客带往目的地和减少燃油损耗所带来的组织压力而推迟执行复飞计划，甚至采取冒险降落行为。机组人员的安全态度是评价组织管理水平的重要因素。

（四）外界压力

外界压力对机组人员决策的影响主要来自旅客的压力。当旅客鼓励机组人员实施错误行为时，机组人员将感受到来自旅客的外界压力。旅客的压力对机组人员的决策起到了一定的作用，在调查中发现一小部分机组人员为了融入集体而模仿他人，更易受外界影响，听信他人劝说，更倾向于挑战高难度飞行及冒险飞行，而且这种行为容易发生在年轻、经验少的机组人员身上。但整体来说，外界压力使机组人员做出错误决策的可能性较小。

三、提高决策效率的方法

（一）决策的步骤

1. 理性选择方法

从理论上讲，理性选择方法按如下的步骤进行：

第一步：找出问题本身是什么。这是经常被忽略的一点，然而诊断错误往往会导致错误的决策。

第二步：寻找所有可以解决问题的方法。在出现情况时，解决问题的方法可能有很多种，应当考虑全面，列出所有的方法。

第三步：对每个解决方案进行评估。机组人员应在不同的情景下，考虑各方面因素来进行不同方案的评估。

第四步：选择解决方案。逐项分析是找到最优方案的唯一办法。

第五步：付诸行动。决策的最后一步是付诸行动，将解决方案用于起始问题，这也包括对结果的评估，如果问题得不到解决，决策者就必须回到第一步再次进行分析。

理性选择方法是一种普遍的方法，机组人员可以在很多不同的情况下用它来进行不同类型的决策，这是一种可靠的方法，机组人员可以反复使用该方法而得到同样的结论。但是，在实际环境中选用理性选择方法来进行决策时，其局限性就暴露了。首先，它需要花费大量的时间来完成分析过程，而在航空生产运行中，机组人员可能没有充分的时间，同时它还需要大量的数据，而机组人员往往要斟酌其中的不确定性。其次，理性选择方法的另一个局限性表现在，当备选方案实质上差别不大时，即并不是某一备选方案明显更佳，其他备选方案明显更差，这样备选方案越接近，寻找最佳备选方案的意义就越小。实际上，在时间紧迫的情况下，机组人员往往寻找的是第一可行的备选方案，而不是追求最佳的解决方案。

2. 自然决策

为了更好地阐述人们在不同情形及动态环境中的行为，研究人员开发了自然决策。该准则已广泛应用于包括航空、消防、指挥和控制、程序控制、医疗保健等许多领域，且自然决策从根本上是客观的，这对于改进飞行机组的飞行训练有着重要的意义。

自然决策研究人们在真实环境中运用经验进行决策的方式。这一准则的关键词是强调经验，主题是人们如何丰富地运用经验，以及适合发挥经验之优点的各种思路。自然决策还研究一系列在实验室中不易研究的因素，这些因素包括时间紧迫、变动的条件、反映动作结果的反馈回路、有意义的行为结果、分配不合理的任务、冲突的目标、团队配合、情况的不确定性、组织链、信息链及有经验的决策者等，这些都是任务、环境及决策者的特性。大多数的自然决策研究都综合多个特性来进行，自然决策的目的之一就是更好地理解这些因素如何影响包括航空在内的实际运行环境中的决策。

（二）提高决策能力的途径

提高决策能力的最有效的途径是给机组人员提供全面的训练，让机组人员了解决策的对象、过程，以及影响决策的因素。

1. 确定关键的决策

加强训练的一种方法是认清机组人员的决策需求。决策需求就是与工作相关的关键的判断和决定，认清它们为什么困难、会经常犯什么样的错误、经验丰富的人是如何解决的。若想提高机组人员的决策质量，就要致力于在特定节点用特定的决策类型解决易发生问题的训练研究。

2. 自然决策模式的应用

人们发现，大量的事故由操纵错误转移到决策错误的原因就是，飞机的设计改进了。20世纪90年代早期，航空领域的决策研究就发展到寻找驾驶舱不良决策的症结所在。然而，其训练仍然强调理性选择方法，但正如前面所述，理性选择方法所要求的条件与机组人员所面临的条件不吻合。时间的紧迫、情况的不确定性、条件的变化，以及定位不正确的目标等，都使得理性选择方法难以实施，况且，机组人员也不善于这类分析量极大的处理方法。因此，自然决策是更接近于航空环境的决策方式。在自然决策中，提高机组人员决策能力的方法可通过各种训练和技术改进来获得。

3. 认清形势

经验决策以认识事情特征即认清形势为前提，所以训练的目的之一就是讲解事情的特征，包括共性的模式和结构，与此同时，提供注意偏差和探测异常的基本要点。这是认清形势所需的一项重要技能，它要求机组人员牢固地掌握专业理论知识。年轻机组人员在判断某一事件是否异常时往往会有些迟疑，这样就可能失去了做出正确反应的宝贵时间。

4. 建立机组人员的思维定式

引入思维定式的概念，作为与环境警觉和经验决策密切相关的补充。在经验的基础上，决策者推测性地形成对某一工作或某部分设备的思维定式。

5. 传授专家经验

类似决策这样的技能，可以通过提供资深机组人员在相似作业中的实际经验来加强训练。重现专家及年轻机组人员在遇到相同问题时的思维定式，将两种设想进行比较，年轻机组能够找到自己的弱点所在，并发现更好的方法。所以可以通过有选择地结合一些经验丰富的人员在关键决策环节的行为与经验作为案例来学习。此外，如果年轻的机组人员能在学习专家的经验之前先拟定对相同问题的处理方案，那么在学习过后很有可能会设计出一份更有意义的方案来。

6. 提高模拟想象能力

提高模拟想象能力是为机组人员更精准地评估、诊断和实施计划而进行的一种专项训练，这些模拟想象可以用来评估某一行为，以便知道它的实施过程，还可以用于制订执行任务的计划。执行任务的计划并不是简单地计划飞行线路，而是对周围条件进行动态分析，预见可能发生问题的环节，以及处理这些问题的方法。

7. 提高超认知能力

超认知训练着重于降低机组人员误解某些情况的可能性，用来解释不恰当数据和与最初认知相反的情节。其目的是避免决策者被最初认知蒙蔽，且处于迷惑的状态。超认知能力有助于决策者对不同类型的活动进行准确判断，以便下达正确决策。

8. 提高注意力支配能力

这是经验决策模式未曾涵盖的另一种认识过程，且提供了训练上极大的可能性，类似于超认知。训练中，接受训练的机组人员可利用需要快速反应及注意力支配的电脑游戏作为训练道具，以提高并维持注意力支配能力。

9. 培养处理压力的能力

机组人员必须具备处理压力的能力，这又是改进训练的另一方面。可以采用相应的训练来帮助机组人员做好应对压力的准备,以便机组人员更有效地处理压力,这类训练对决策非常有价值。

10. 加强机组协同的情景意识

想要提高决策能力,还需要考虑团队决策,尤其是对于进行团队作业的机组人员,包括飞行机组、乘务机组、空中交通管制人员、签派人员等的协同。航空领域已形成了一套有效的团队训练方法,即机组资源管理,来自自然决策观点的建议是,发挥机组资源管理的方法,以强调协同的情景意识,使全体机组成员都掌握必需的全局信息,而不至于提供过多错误或者是缺漏的信息。

 思政案例

从阿罗哈航空 243 号航班谈机组资源管理

1988 年 4 月 28 日 13 时 25 分,阿罗哈航空公司机长罗伯特·舜施泰莫和副驾驶马德林·汤普健斯驾驶 243 号航班(由波音 737-200 飞机执飞)从希洛国际机场起飞,前往檀香山。飞机上载有 89 名旅客和 5 名机组人员,飞机在起飞和爬升时并没有出现任何异常情况。13 时 48 分,飞机爬升到巡航高度 7300 米(约 24 000 英尺)时,飞机驾驶舱传来一阵呼呼的声音,紧接着就听到一声巨响,飞机头等舱的顶棚出现了一个大洞。航班在遭遇机体破损、蒙皮撕裂飞脱、高空快速释压、一个发动机失效、一个起落架没有放下等复合严重故障后,2 名飞行员的处置镇定得当,最终将飞机安全降落。当班的乘务组也表现出了非常优秀的职业水平。直到今天,再看到当时的事故调查报告,看到机组优秀的处置过程,还犹如看了一次"高水平的机组资源管理"表演,让人不禁为这些飞行前辈点赞。

事件中爆裂性的快速释压发生在 13 时 45 分 43 秒,飞机落地时间为 13 时 58 分 45 秒。在这煎熬的 13 分钟内,2 名飞行员力挽狂澜,创造了奇迹。那么,他们在这段时间内都做了什么?

机长罗伯特·舜施泰莫的总飞行时间为 8500 小时,副驾驶马德林·汤普健斯的总飞行时间为 8000 小时,他们两人非常熟悉自己所飞的航线和机型。最关键的是,他们两人都表现出了非常高的机组资源管理水平。两人开始的行动稍微有些慌乱,但不久便恢复了平静,有条不紊地解决了所有的问题。机长发现机体破裂快速释压后,和副驾驶汤普健斯毫不迟疑地先戴上了氧气面罩,并要求副驾驶立即联络茂宜岛机场,请求紧急降落。机长接替了飞机操作,但飞机开始反复左右侧滚,不能受到有效控制。机长知道,最重要的是尽快下降到 3000 米左右的安全高度,这样旅客才可以不用佩戴氧气面罩安全呼吸。机长迅速下降高度,使用减速板,保持空速 280~290 节,下降率一下增至每分钟 1250 米。副驾驶开始发出"Mayday"求救信号。由于飞机破裂,风噪很大,机组根本听不清对方在说什么,无

法进行对话，只能用手势来交流意见。副驾驶按照程序，将应答机代码调至7700（表示遇到紧急情况）。

虽然事后发现还有个别地方做得不够完美，但机组在这种紧急情况下，能在最短时间内安全落地，体现出的是沉着、冷静、优秀的心理素质，丰富的飞行经验和高超的飞行技能。更重要的是，机组两人的配合天衣无缝。不得不说，优秀的机组资源管理起到了关键作用。

在这次事故中，整个机组表现出了很好的CRM能力。2名飞行员在驾驶舱沟通顺畅，团队决策明确，分工合理，情景意识清晰，并运用了所有可利用的资源。可以看出，他们训练有素，具备很强的操作飞机的能力，专业技术能力突出，对突发事件的心理状态控制能力、团队决策和工作能力都很强。

本章小结

（1）机组资源管理是指合理地利用一切可以利用的资源，识别、应对威胁，预防、觉察、改正差错，识别、处置非预期的航空器状态，以达到安全有效运行的目的。

（2）机组资源管理分为6个阶段：驾驶舱资源管理、机组资源管理、高级的机组资源管理、航线飞行训练、差错管理、威胁与差错管理。

（3）人为因素是指从"人—机—环境"的系统观点出发，研究人在其中的影响和作用。

（4）导致人为差错的因素：个体因素、群体因素、环境因素、组织管理因素、压力、疲劳。控制人为差错的方法：提高人员综合素质；建立健全的规章制度；采取必要的防范措施。

（5）威胁是超出机组影响范围发生的，增加了运行的复杂性，为了保证安全必须加以管理的事件或差错。威胁有三类，预期的、非预期的和潜在的威胁。

（6）差错是偏离机组或组织的意图或期望，降低安全裕度，增加发生不安全事件可能性的机组人员的作为或不作为。差错产生的原因有内部环境和外部环境。差错的三种基本类型是认知差错、技能差错和决策差错。按严重程度还可分为可逆转差错和不可逆转差错。差错管理的方法：接受错误、防止有威胁的差错、提高技能、改善不良行为、不超出个人能力、改善航空系统的管理。

（7）决策是为了实现特定的目标，根据客观的可能性，在占有一定信息和经验的基础上，借助一定的工具、技巧和方法，对影响目标实现的诸多因素进行分析、计算和判断选优后，对未来行动作出决定。影响决策的因素主要有情境与风险评估、知识与经验、组织管理、外界压力等。

（8）提高决策的途径：确定关键的决策、自然决策模式的应用、认清形势、建立机组人员的思维定式、传授专家经验、提高模拟想象能力、提高超认知能力、提高注意力支配能力、培养处理压力的能力、加强机组协同的情景意识。

本章思考题

（1）简述机组资源管理的含义。
（2）简述人为因素的定义。
（3）简述实现团队协作的条件。
（4）简述差错管理的方法。
（5）简述提高决策能力的途径。

第四章 机上人员安全管理

本章导读

机上人员由机组人员和旅客组成,学生通过学习本章,能够了解机组各岗位的职责,以及不同机型对客舱乘务员的定员要求,掌握客舱乘务员执勤期、飞行时间的限制和休息要求,掌握处理机上扰乱行为和非法干扰行为的处置。保证执行飞行任务时客舱乘务员的生理、心理处于健康状态,才能使他们更好地履行管理客舱安全的职责。

学习目标

知识目标

(1)了解机组职责;
(2)了解各机型客舱乘务员定员规定;
(3)熟悉客舱乘务员执勤期规定;
(4)熟悉客舱乘务员健康管理要求;
(5)掌握客舱乘务员飞行证件及装具管理要求;
(6)掌握机上扰乱行为和非法干扰行为的处置。

能力目标

提高学生的职业素养和对机上影响飞行安全事件的处置能力。

素养目标

提高学生对客舱乘务员职业的认知和对机上人员安全管理的能力。

学习重点与难点

重点:掌握客舱乘务员飞行证件及装具管理要求,掌握机上扰乱行为和非法干扰行为的处置。

第四章 机上人员安全管理

难点：掌握机上扰乱行为和非法干扰行为的处置。

本章关键词

客舱乘务员（Flight Attendant） 岗位职责（Job Responsibilities）
飞行证件（Aircraft Papers） 非法干扰行为（Illegality Interference）

互联网资料

民航资源网
中国民用航空局官网

 思政荐读

伊春空难

2010年8月24日21时38分08秒，河南航空的一架ERJ-190飞机，执飞哈尔滨—伊春航线，在降落伊春机场时冲出跑道，后来又起火爆炸，事故造成44人遇难（含3名机组人员），52人受伤。国务院事故调查组经历历时两年的调查，最终认定这是"一起责任事故"。事故调查报告认定之一，该航空承运人的客舱机组配备不符合《大型飞机公共航空运输承运人运行合格审定规则》（CCAR-121-R4）的相关规定，缺少一名乘务员。

该事件警醒着我们，恪守安全管理规定，是坚守民航安全的底线，也是民航人应该具备的基本职业素养。

第一节 机组安全管理

执行航班任务是一套由飞行机组、安保组和乘务组组成的团队成员协作完成的。飞行机组有机长和副驾驶；安保组有安保组组长和航空安全员/空中警察；乘务组有乘务长和各号位乘务员。机长，是经航空公司指定，在飞行时间内对飞机的运行和安全负最终责任的驾驶员。客舱乘务员，是出于对旅客安全的考虑，受航空公司指派在客舱执行任务的机组成员。每个人都是机组成员当中不可或缺的一员，都有特定的岗位职责。

一、飞行机组的职责

（一）机长的主要职责

机长在飞行过程中承担着极其重要的职责，他们的工作不仅限于驾驶飞机，还包括确保飞行安全、管理机组人员、维护旅客福祉，以及处理紧急情况等多方面任务。在飞行期

间，机长对于飞机的运行拥有完全的控制权和管理权。负责控制飞机和指挥机组，并负责旅客、机组成员、货物和飞机的安全。以下是机长在飞行过程中的一些主要职责。

1. 确保飞行安全

（1）遵守并督促机组人员执行法律法规、规章和标准，以及被批准或加入的国际公约，严格执行所属航空公司的运行规范和空中交通管制规则中的要求和限制。

（2）规范操纵飞机，正确使用设备。坚持安全第一，切实落实安全责任，从飞机准备起飞到结束飞行，对飞机拥有完全的管理指挥和最后决定权。

（3）对飞机实施必要的检查，确认飞机满足适航要求；确保飞机的载重平衡符合安全要求；统一负责飞行中的安全保卫工作。

（4）在飞行结束时，负责将所有已知的或怀疑的飞机故障向所属公司报告，总结飞行经验，进行机组讲评。

2. 确认机组成员、明确分工

（1）机长负责确认实际机组成员与飞行任务安排相符，以及机组成员具备相应的资格，发现机组成员不适宜执行飞行任务时，机长有权提出调整。

（2）机长可以将部分职责授权给指定的机组人员并分配工作任务，确保运行正常。组织机组成员做好飞行前准备工作，严格执行放行标准。

3. 应急处置

（1）在紧急或遇险情况下，按照紧急程序处置原则，采取一切必要措施，指挥机上其他人员执行应急处置程序，在必须撤离飞机的紧急情况下，应首先组织旅客安全离开飞机，机长最后撤离。

（2）机长在因疾病或其他原因无法行使职责时，有权指定职责代替人。

（二）副驾驶的主要职责

1. 配合机长、协助分工

（1）在飞行运行时，执行机长在其职责范围内发布的指令，协助机长进行飞行操作；按照机长的要求和机组的明确分工，协助机长了解有助于完成飞行任务的足够信息。

（2）飞行前按照分工领取必备的飞行文件和资料，办理相关的签派放行、海关、边防等手续。完成机长分派的任务，协助机长实施放行。

（3）认真做好驾驶舱准备，按机组分工和飞行程序要求检查飞机适航情况。清点、确认随机设备和适航证件齐全、有效，将检查情况向机长报告。

2. 辅助机长、确保安全

（1）飞行中严格执行副驾驶的工作程序，按机长指令认真履行职责，当发现任何差错，不安全、不合法的运行或危险情况时，及时提醒机长或直接作出反应。

（2）飞行中发生机长能力丧失的情况时，代替机长履行职责。

二、客舱机组的职责

乘务员是保障飞行运行安全的人员之一，其主要职责是保证客舱安全。乘务员应该明确自身工作职责，落实工作责任，确保航班运行安全有序。

（一）总则

（1）保证旅客安全是法律赋予乘务员的最高职责。

（2）热爱本职工作，工作作风严谨，处理问题要公平、公正。

（3）在执行航班任务中应认真执行民用航空法的有关规定，遵守公布的行业标准、规范、程序和准则。

（4）乘务组隶属机长领导，协助机长保障客舱、旅客及货物的安全。

（5）在遇到特殊情况时，乘务组应充分利用机上的应急设备，沉着、冷静地进行处理。

（6）具备应对各种特殊情况和解决各种问题的能力。

（二）主任乘务长/乘务长的主要职责

航班运行时，航空公司指定的主任乘务长/乘务长作为客舱乘务组的负责人，要履行客舱管理的职责。对飞行全程中正常运行、不正常情况和应急情况下执行、协调客舱程序负有全面责任。具体职责如下：

（1）遵守国家法律法规和航空公司政策，按照所属航空公司手册程序开展工作，保障机上人员安全。

（2）在执行航班任务时隶属机长领导，服从机长指挥，向机长汇报各类需由飞行机组协调决策的客舱突发情况，保持与飞行机组、客舱乘务组成员、安保组成员的沟通。有权处理客舱安全及机上服务的各种事宜。

（3）对客舱工作进行管理，组织、监督、协调客舱机组成员在执行航班任务中按航空公司手册中的要求履行程序和标准，对客舱工作进行合理分工。

（4）负责与地面保障部门的协调和沟通，并做好相关交接与记录工作。

（5）收集旅客反馈的信息、航班任务中的信息、客舱设备信息，并做好记录和报告。

（6）当航班中出现特殊情况时，为了安全起见有权更改服务计划，合理调整乘务员的工作区域。

（7）飞行中遇有紧急情况及时报告机长，并有责任指挥乘务员沉着、冷静地进行处理，尽最大努力保证旅客安全。

（三）客舱乘务员的主要职责

客舱乘务员应服从机长、主任乘务长/乘务长管理，保持与机长、主任乘务长/乘务长和客舱机组成员之间的沟通。遵守国家法律法规和所属航空公司政策，按照公司手册中的程序开展工作，保障机上乘员的安全。具体职责如下：

（1）在局方规定的有效期内完成必需的训练，确保个人资质符合飞行运行要求，按照局方相关要求政策合理安排休息，保证身体和心理健康情况符合飞行要求。

（2）要求乘机旅客遵守法律法规、公司的政策和机组指令，维持客舱秩序，协助机长和空中安保人员做好安全保卫工作。

（3）在满足和确保安全的前提下，可以为旅客提供适当的服务。如遇有颠簸或其他不正常、不安全的情况，乘务员可以调整、删减服务程序或不提供服务。

（4）收集旅客反馈的信息、航班运行中的信息和客舱设备信息，并向主任乘务长/乘务长汇报。根据飞行时搜集的相关信息可向公司提出合理化建议。

（5）当机上出现危及人身安全和财产安全等应急情况时，及时进行处置，降低风险，尽可能减少机上乘员的伤亡。

三、航空安全员/空中警察的职责

（一）航空安全员的主要职责

安全员隶属机长领导，执行机长在其职责范围内发布的指令，根据民航和各航空公司的空防安全政策及法规，行使机上安全保卫职能，维护机上的安全秩序，保证飞机和机上人员、财物安全；安全员需根据航班任务性质、特点和要求，熟悉和拟定空防紧急处置预案，充分做好飞行前的准备工作。具体职责如下。

（1）在旅客登机前和离机后对客舱进行检查，防止无关人员、不明物品留在客舱内。

（2）负责限制物品的交接与保管。

（3）按照规定维护客舱的治安秩序，制止扰乱航空器内秩序的行为，制止与执行航班任务无关的人员进入驾驶舱。

（4）在飞行中，按机长要求，对受到威胁的航空器进行搜查，妥善处置机上发现的爆炸物、易燃物和其他可疑物品。

（5）依照空防原则、反劫机预案，正确处置劫机、炸机及其他非法干扰事件，妥善处理机上发现的爆炸物、易燃物和其他可疑物品。

（6）在机长决定采取制服行动时，组织力量及时果断制服歹徒。

（7）在来不及或无法与机长取得联系，确有把握制服劫机者或排除爆炸物，在保证人、机安全的情况下可以灵活处置，采取措施制服劫机者或排除爆炸物。

（8）协助有关部门做好被押解犯罪嫌疑人、被遣返人员在乘坐公司航班飞行中的监管工作。

（9）在执行任务时，可以行使以下权力。

① 在必要情况下，查验旅客的客票、登机牌、身份证件；

② 劫机、炸机等紧急事件发生时，对不法行为人采取必要措施；

③ 对扰乱航空器内秩序、不听劝阻的人员，采取管束措施，航空器降落后移交民航公安机关处理；

④ 为制止危害航空安全的行为，必要时航空安全员可请求旅客予以协助。

（二）空中警察的主要职责

空中警察隶属机长领导，执行机长在其职责范围内发布的指令，依据《中华人民共和国民用航空法》《中华人民共和国民用航空安全保卫条例》，以及国家有关方面的其他法规，在飞行中，按照国家赋予人民警察的职责，在保卫空防安全、防止和制止机上非法干扰飞行安全行为，以及反劫机、反炸机和其他严重危害飞机和旅客生命财产安全的犯罪行为等方面行使权力，与机组共同完成航班飞行任务，保证飞行和空防安全。主要职责如下：

（1）协助乘务组和航空安全员维护客舱秩序，承担航空安全员的职责；

（2）发生紧急情况时或特殊情况时，听从机长指挥，协助机组人员执行应急处置程序；

（3）遵守飞行运行规章，执行机组成员运行政策和相关运行规定；

（4）空中警察的权力：行使国家赋予的人民警察维护公共秩序、制止扰乱公共秩序、制止非法行为和犯罪行为的所有权力。

四、机组指挥权的接替

机组成员的姓名和他们在飞行中所担当的职位，按照飞行任务书的排序，机长栏内第一位的是该次航班的机长，机长后面一位的为第二机长或者第一副驾驶。

在飞行期间，机长对飞机的运行拥有完全的控制权和管理权，这种权力没有限制，所有人员必须听从机长指示。当机长由于生病、生理或其他原因丧失管理和指挥能力时，接替指挥、管理权的次序是：第二机长/副驾驶→飞行机械员→飞行机组其他成员→主任乘务长/乘务长→区域乘务长→乘务员，按飞行任务书上的次序排列。

第二节　客舱乘务员安全管理

一、客舱乘务员健康管理

客舱乘务员必须对自己的健康负责，对航空人员体检合格证的有效性负责。在客舱乘务员达不到航空人员体检合格证所要求的健康水平，包括存在健康缺陷或处于思维混乱状态，并且这种状态可能危及飞机及旅客安全时，不应作为机组必须成员参加飞行工作。客舱乘务员每12个月必须在局方认可的体检机构完成体检，体检合格后才能参与执行飞行任务。

（一）怀孕

客舱女性乘务员怀孕后须向所在单位报告，所有怀孕的机组成员不得执行飞行任务。

（二）视力矫正

所有需佩戴眼镜（包括隐形眼镜）的客舱乘务员，必须另外随身携带一副备用的框架眼镜。

（三）饮用含酒精饮料和使用药物后的执勤限制

1. 酒精类饮料

（1）客舱乘务员在计划飞行的 24 小时内，不得饮用含酒精的饮料，客舱乘务员受酒精的影响或体内酒精质量浓度达 0.04 克/210 升以上时，不得上岗执勤或继续留在岗位上。

（2）客舱乘务员在执勤过程中，不得饮用含酒精的饮料，否则不允许继续留在岗位上。

2. 药物

（1）客舱乘务员不得使用或携带大麻、可卡因、吗啡、海洛因，以及国家管制的其他能够使人形成瘾癖的麻醉药品和精神药品。

（2）禁止客舱乘务员使用影响执行任务能力的药物，因为许多常用药物会影响飞行能力，因此客舱乘务员应该询问医生所开的任何药物是否会有这些副作用。

（3）任何人不得安排明知使用或携带上述禁用药物的客舱乘务员上岗执勤或继续留在岗位上。

（四）献血

机组人员在其执勤和飞行时不应报名献血，在执行飞行任务前 24 小时以内不得献血。

（五）深潜水

进行深潜水之后在增压的飞机中飞行时会引起高空病（减压病），因此机组人员在接受飞行任务前 48 小时内，不能进行深度超过 10 米的深潜水。

二、客舱乘务员飞行证件与装具管理

（一）客舱乘务员有效证件

客舱乘务员在执行航班任务时，应携带齐全以下有效证件，如表 4-1、表 4-2、表 4-3 所示。

表 4-1 执行国内航班乘务员所需携带证件

国内航班	空勤人员登机证
	客舱乘务员训练合格证
	航空人员体检合格证
	航空安全员执照（安全员）

表 4-2 执行地区航班乘务员所需携带证件

地区航班	香港、澳门	空勤人员登机证
		客舱乘务员训练合格证
		航空人员体检合格证
		航空安全员执照（安全员）
		港澳通行证
	台湾	空勤人员登机证

(续表)

地区航班	台湾	客舱乘务员训练合格证
		航空人员体检合格证
		航空安全员执照（安全员）
		大陆居民往来台湾通行证

表 4-3　执行国际航班乘务员所需携带证件

国际航班	空勤人员登机证
	客舱乘务员训练合格证
	航空人员体检合格证
	航空安全员执照（安全员）
	护照

（二）装具

1. 飞行箱

客舱乘务员在执行国内航班或国际短程航线时应携带所属公司统一配发的飞行箱；如飞过夜航班还需要携带公司统一配发的衣袋。

2.《客舱乘务员手册》

根据所属航司不同，飞行时携带纸质版或电子版手册。

3. 个人物品

飞行时需携带处于良好工作状态的手电筒，三针齐全、走时准确、有刻度的手表，佩戴矫正视力眼镜的客舱乘务员，还须携带一副备用眼镜等。

4. 乘务长箱

乘务长箱内包括特殊情况报告单、紧急医疗事件报告单等各类相关单据和近期下发的业务通告。

5. 安全员需携带安全员执照、警具包、安全员执勤日志及相关单据

除此之外，客舱乘务员应注意飞行时不得携带违反相关国家规定的其他物品。

（三）飞行证件装具管理

（1）乘务员在执行航班任务时应携带空勤登机证，在出入需要佩戴登机证的区域时，应将登机证佩戴在明显易见的位置。

（2）飞行证件禁止转借他人使用，禁止在非执勤期用其进入机场控制区。飞行证件如有遗失，应立即向所属航空公司报告。

（3）执行航班任务时，飞行箱包应安放在机组专用行李架内，并且始终处于监控状态，同时需做到装入物品要清楚、存放位置要清楚、接触人员要清楚、全程监控要清楚。在外过夜和就餐时，必须把箱包存放在安全区域，防止他人接触。

（4）机组人员严禁接受和携带第三者委托携带的密封包裹、信件或行李。属于机组人员的密封包裹，应由本人亲自携带，不得委托其他机组人员。

（5）执行航班任务时，严厉禁止利用职业之便，违法实施"捎""买""带"。

三、客舱乘务员执勤期规定、飞行时间限制和休息期要求

执勤是指机组成员按照公司的要求执行的所有任务，包括但不限于飞行执勤、置位、备份和培训等。

从公布的航班时刻前 1 小时 30 分钟开始，至航班结束后机组到达公司安排的机组休息地或飞行基地为止，为机组的执勤期。在发生延误后，机组在一次执勤期内如获得批准在规定的休息场所休息，其休息时间不计入执勤期内。

飞行执勤期是指机组成员接受公司安排的飞行任务（包括飞行、调机或转场等）后，从为完成该次任务而到指定地点报到的时刻开始，到飞机在最后一次飞行后发动机关闭且机组成员没有再次移动飞机的意向为止的时间段。一个飞行执勤期还可能包括机组成员在某一航段前或航段之间代表航空公司执行的其他任务，但没有必要休息期的情况（如置位、主备份、培训发生在某一航段前或航段之间，但没有安排必要的休息期）。在一个执勤期内，如机组成员能在适宜的住宿场所得到休息，则该休息时间可以不计入该飞行执勤期。

休息期是指从机组成员到达适宜的住宿场所起，到为执行下一次任务离开适宜的住宿场所为止的连续时间段。在该时间段内，航空公司不得为机组成员安排任何工作和给予任何打扰。执勤和为完成指派的飞行任务使用交通工具往来于适宜的住宿场所和执勤地点的时间，不得计入休息期。

（一）客舱乘务员执勤期规定

根据 CCAR-121 部的规定：当按照运行规范规定的最低数量配备客舱乘务员时，客舱乘务员的正常执勤期不得超过 14 小时，正常执勤期后应当安排至少连续 10 小时的休息期，这一休息期应当安排在该正常执勤期结束与下一执勤期开始之间。机组执勤期和休息期要求，如表 4-4 所示。

表 4-4　机组执勤期和休息期要求

客舱乘务员人数	正常执勤期限制	延误时执勤期限制	休息期要求
运行规范规定的最低数量	≤14 小时	≤16 小时	≥10 小时
增加 1 名	≤16 小时	≤18 小时	≥12 小时
增加 2 名	≤18 小时	≤20 小时	≥12 小时
增加 3 名或以上	≤20 小时	≤22 小时	≥12 小时

（1）在按照运行规范规定的最低数量配备上增加客舱乘务员人数时，客舱乘务员的正常执勤期限制和休息期要求应当符合如下规定。

① 增加 1 名客舱乘务员，正常执勤期不得超过 16 小时。

② 增加 2 名客舱乘务员，正常执勤期不得超过 18 小时。

③ 增加 3 名或以上客舱乘务员，正常执勤期不得超过 20 小时。

（2）正常执勤期超过 14 小时，该执勤期后应当安排至少连续 12 小时的休息期，这一休息期应当安排在该执勤期结束与下一执勤期开始之间。

安排客舱乘务员的执勤期时，如果按照正常情况能够在限制时间内终止执勤期，但由于运行延误，所安排的飞行没有按照预计时间到达目的地，超出了执勤期的限制时间，则不认为该客舱乘务员在排班时超出了执勤期限制。但在这种情况下，实际执勤期最多不得超过规定执勤期限 2 小时，并且后续休息期不得因此而减少。

（二）客舱乘务员飞行时间限制

CCAR-121FS-R6 第 121.493 条明确指出，合格证持有人在为客舱乘务员安排飞行时，应当保证客舱乘务员的积累飞行时间符合以下规定。

（1）任一日历月，100 小时的飞行时间。

（2）任一日历年，1100 小时的飞行时间。

客舱乘务员积累飞行执勤期限制：

（1）任何连续 7 个日历日，70 小时的飞行执勤期。

（2）任一日历月，230 小时的飞行执勤期。

客舱乘务员在飞机上履行安全保卫职责的时间应当计入客舱乘务员的飞行和执勤时间。

（三）客舱乘务员休息期要求

航空公司不得在机组成员规定的休息期内为其安排任何工作，该机组成员也不得接受公司的任何工作。

（1）任一机组成员在实施 CCAR-121 部规则运行的飞行任务或者主备份前的 144 小时内，航空公司应为其安排一个至少连续 48 小时的休息期。

（2）如果飞行执勤期的终止地点所在时区与机组成员的基地所在时区之间有 6 小时或者 6 小时以上的时差，则当机组成员回到基地以后，航空公司应当为其安排一个至少连续 48 小时的休息期。这一休息期应当在机组成员进入下一执勤期之前安排。

（3）除非机组成员在前一个飞行执勤期结束后至下一个飞行执勤期开始前，获得了至少连续 10 小时的休息期，否则航空公司不得安排，且任何机组成员也不得接受任何飞行执勤期任务。

（4）当航空公司为机组成员安排了其他执勤任务时，该任务时间可以计入飞行执勤期。当不计入飞行执勤期时，在飞行执勤期开始前应当为其安排至少 10 小时的休息期。

四、各机型客舱乘务员定员

（一）客舱乘务员配备要求

CCAR-121 部对一架飞机客舱乘务员最低数量的配备作了如下规定。

（1）为保证安全运行，合格证持有人在所用每架载运旅客的飞机上，应当按下列要求配备客舱乘务员，如表 4-5 所示。

表 4-5 客舱乘务员最低数量配备

旅客座位数量	客舱乘务员最低数量配备
20~50 个	1 名
51~100 个	2 名
>100 个	每增加 50 个旅客座位就增加 1 名客舱乘务员，不足 50 个的余数部分按 50 个计算

① 对于旅客座位数量为 20~50 个的飞机，至少配备 1 名客舱乘务员；

② 对于旅客座位数量为 51~100 个的飞机，至少配备 2 名客舱乘务员。

③ 对于旅客座位数量超过 100 个的飞机，在配备 2 名客舱乘务员的基础上，按每增加 50 个旅客座位就增加 1 名客舱乘务员的方法配备，不足 50 个的余数部分按 50 个计算。

（2）客舱乘务员服务机型数量的要求。

客舱乘务员的岗位能力对于保证安全具有重要的作用。根据 CCAR-121 部的规定：客舱乘务员所服务的机型数量应当不超过 3 种，如果航空公司所运行的机型中有 2 种机型在安全设备和操作程序上相类似，以下 2 种情况经民航局批准可增加至 4 种。

① 非机型特定的正常和应急程序是一致的；

② 应急设备及机型特定的正常和应急程序是相似的。

（二）客舱乘务员资格及训练要求

按照 CCAR-121 部"必需的训练"的规定，客舱乘务员必须接受以下训练：新雇员训练、初始训练、转机型训练、差异训练、定期复训、重新获得资格训练、特殊训练。

1. 新雇员训练

新雇员训练是指航空公司新雇用的人员，或者已经被雇用但没有在客舱乘务员岗位上工作过的人员，在进入客舱乘务员工作岗位履行职责之前应完成的训练和资格审定过程的一部分。

2. 初始训练

初始训练指未在所属航司客舱乘务员岗位审定合格并服务过的人员应完成的训练，在进入客舱乘务员岗位履行职责之前应完成的训练和资格审定过程的一部分。

3. 转机型训练

对于已在相同型别其他机型飞机的相同职务上经审定合格并服务过的客舱乘务员，在转入该机型的同一职位之前应完成的训练。客舱乘务员在具有 3 个月（含）以上飞行经历后才可进行转机型训练。飞机型别如表 4-6 所示。

表 4-6 飞机型别

飞机型别	机型编号
B737 型别	B737-300、B737-600、B737-700、B737-800
B767 型别	B767-200、B767-300、B767-300ER、B767-400ER

(续表)

飞机型别	机型编号
B757 型别	B757
B747 型别	B747-400Combi、B747-400P
B777 型别	B777-200LR、B777-200ER
A319 型别	A319、A320、A321
A330 型别	A330、A340

4. 差异训练

对于已在某一特定机型的飞机上经审定合格并服务过的客舱乘务员，当使用的同一种机型飞机与原飞机存在差异时，应当完成的训练。

5. 定期复训

经过训练并审定合格获得资格的客舱乘务员，为了保证其资格和技术娴熟水平，在规定的期限内按照规定的内容完成的训练。

（1）所有在职客舱乘务员需在每 12 个日历月内进行一次定期复训和资格检查。每 24 个月进行一次应急演练。所有客舱乘务员必须通过规定的地面训练及测试。

（2）各类教员每 24 个日历月完成一次教员地面复训，允许复训在 24 个日历月期满前或后一个月内完成，教员复训时间不应少于 4 小时。

（3）客舱乘务检查员应每 24 个日历月完成一次检查员地面复训，允许复训在 24 个日历月期满前或后一个月内完成，复训时间不应少于 4 小时。

6. 重新获得资格训练

已获得客舱乘务员资格，因某种原因具有下列情形之一而失去资格的客舱乘务员，其训练目的是重新恢复客舱乘务员资格。

（1）12 个日历月（含）以上没有参加飞行的客舱乘务员，应当通过公司或公司认可的客舱训练机构，进行重新获得资格的训练（应急设备使用、应急处置程序、相应等级服务技能及业务）。

（2）未按规定期限完成定期复训。

（3）在同一年度中 2 次（不同检查员检查）年度航线检查不合格。

7. 特殊训练

（1）危险物品运输训练。所有在职客舱乘务员每 24 个日历月应进行一次危险品运输的训练。

（2）极地航线飞行训练。已获得客舱乘务员资格，并已获得在极地航线运行所要求的特定型别飞机上履行岗位职责资格的客舱乘务人员。

（3）高原训练。已获得客舱乘务员资格，并已获得在高原航线运行所要求的特定型别飞机上履行岗位职责资格的客舱乘务人员。

第三节　旅客安全管理

 案例阅读

2014年12月11日，亚航FD9101包机航班原定于17点25分从曼谷起飞，22点25分到达南京。机上共有174名旅客，航班上1名女旅客要求乘务员给泡面加热水，乘务员告知该旅客，亚航是廉价航空，不提供免费餐食，水也是要收费的，送来的开水需要支付60泰铢。随后女旅客突然将一整杯水泼在了乘务员身上，与之发生冲突，随行的男旅客大骂"我连你飞机都炸掉"，女旅客表示要"跳飞机"，最终导致飞机返航。

2名旅客在亚航航班上出现的不文明行为，严重扰乱了航班正常秩序，致使航班返航，影响了其他旅客的行程，涉事旅客事后受到罚款及支付赔偿的处罚。

一、机上扰乱行为

机组成员应以安全第一，最大限度地保证"国家安全、人机安全"为最高原则，在遇到机上扰乱行为或非法干扰行为时，客舱机组人员应当服从机长的统一指挥，按照分工维护客舱正常秩序，发现飞机上可疑情况，及时通知机长和航空安全员，协助机长和航空安全员妥善处置飞行中出现的危害飞行安全的行为。

机上扰乱行为是指在航空器上不遵守行为规范，或不听从机组人员指示，妨碍客舱乘务员行使职责，扰乱客舱秩序的行为。主要包括：强占座位、行李架；对机组和其他旅客进行语言攻击、打架斗殴、寻衅滋事；违规使用手机或其他禁止使用的电子设备；盗窃、故意损坏或擅自移动救生物品等航空设施设备，或强行打开应急舱门；未经许可进入驾驶舱或企图打开驾驶舱门；吸烟（含电子香烟）、使用火种；猥亵客舱内人员或性骚扰；传播淫秽物品及其他非法印制物；违反公布和明示的规则的其他扰乱航空器上秩序的行为。

（一）机上扰乱行为的处置原则

管理和维持客舱秩序是客舱乘务员、安全员、飞行机组的共同职责，应积极协同和配合。当机上发生扰乱行为影响客舱正常秩序时，主任乘务长/乘务长应及时报告机长，在机长的统一指挥下，协同安全员，以确保机上旅客和机组人员的安全为原则，立即处置行为人，维持客舱秩序。处置原则如下：

①确保航空安全，争取飞行正常；②确定性质，区别处置；③及时控制事态，防止矛盾激化；④教育与处罚相结合，机上控制，机下处理；⑤空地配合，互相协作。

（二）机上扰乱行为的应对措施

机上出现扰乱行为时，机组人员应当迅速判断扰乱行为的性质、危害和后果，及时向机长汇报，在机长领导下适时介入，视扰乱行为严重程度妥善处置，维护客舱安全秩序。可以先由乘务员进行解释、劝说，不听劝阻者，在机长的授权下，由航空安全员或其他旅客对行为人进行强制管束,直至落地后移交公安机关。

当扰乱行为升级为非法干扰行为的,应按照非法干扰行为处置程序依法果断处置。处置时应注意机上各岗位密切配合,按照职责开展工作。事后由乘务员收集并填写《见证人和乘务员证词》。主任乘务长/乘务长完成《乘务工作日志》和《机上事件报告单》的填写。

(三)机上常见扰乱行为的处置程序

1. 偷盗、违反规定开启或损坏机上应急救生设备的处置程序

(1)对于偷盗、故意损坏应急救生器材设备的行为,应及时采取措施消除危害,并将行为人及相关证据移交公安机关处理。

(2)对于无意触碰、开启机上应急救生设备的行为,机组成员应及时制止。未造成后果的,可对行为人进行教育;致使设备损坏、造成严重后果的,机组成员应采取补救措施,并及时收集有关证据,移交公安机关依法处理。

(3)客舱乘务员应在旅客登机后进行必要的通告和宣传,还应对机上应急设备进行经常性检查,安全员应注意及时收集非法行为的证据。

2. 未经许可进入驾驶舱或企图打开驾驶舱门的处理程序

(1)机组成员发现旅客企图打开驾驶舱门时,应立即予以制止,并说明有关规定。

(2)对不听劝阻企图强行进入者,安全员或其他机组成员应当立即将其制服,并采取管束措施。航空器降落后,将其移交机场公安机关处理。

3. 殴打机组成员处置程序

(1)当发生殴打机组成员事件时,空中警察/航空安全员应立即制止。

(2)对不听制止者予以制服,并采取管束措施。

(3)航空器降落后,移交公安机关处理。

4. 酗酒滋事、打架斗殴等的处置程序

(1)应责成其同行者予以控制。

(2)如无同行者或同行者控制不了,空中警察/航空安全员可报请机长同意,对其采取临时管制措施,落地后交机场公安机关处理。

(3)性骚扰、争抢座位/行李架等应视情况调整当事人的座位,避免发生冲突。

(4)如直接威胁机组、旅客人身安全、飞行安全或无法制止事态发生时,空中警察/航空安全员应报请机长同意,对当事人采取临时管制。

5. 违反禁烟规定的处置程序

(1)机组成员应予以制止;同时应检查相关区域,消除火灾隐患;了解行为人基本信息,通知安全员并报告机长。

(2)对损坏安装于盥洗室的烟雾探测器的旅客,依照相关的处罚条例进行处理。

(3)对不遵守客舱禁烟管理的旅客,起飞前,可拒绝运输该旅客;飞行中,应收缴其烟具予以暂时扣押,获得证据材料的收集与保护工作;飞机着陆后,移交地面公安或保卫机关处理。

（4）发现拒绝执行禁烟管理的旅客，应报公司保卫部或机场公安部门前往处理。

6. 违反便携式电子设备的禁用和限制规定的处置程序

（1）机组成员应进行劝阻。

（2）不听劝阻时应对其提出警告。

（3）警告无效者应对其设备暂时予以扣押、保存，并按照机上扰乱行为的应对措施进行处置。

7. 猥亵客舱内人员或性骚扰的处置程序

飞行中对猥亵妇女、儿童和性骚扰的行为，要及时了解当事人的基本信息，判断事态、识别性质，并警示行为人遵纪守法。视情况调整座位、隔离双方，监护受害人、监督行为人，并询问受害人是否需要报案。

8. 传播淫秽物品及其他非法印制物的处置程序

发现该行为，机组成员要及时进行制止，监控行为人，及时了解行为人的基本信息，判断事态、识别行为性质。如需报案，做好证据材料的收集和保护。

二、非法干扰行为

非法干扰行为指违反有关航空安全的规定，危害或足以危害民用机场、航空器运行安全或秩序，以及有关人员生命和财产安全的行为或未遂行为。包括但不限于：

（1）非法劫持航空器；

（2）破坏使用中的航空器；

（3）在航空器上或在机场扣留人质；

（4）强行闯入航空器、机场或航空设施场所；

（5）为犯罪目的而将武器或危险装置或材料带入航空器或机场；

（6）以造成死亡、严重身体伤害或严重的财产或环境损害为目的，利用使用中的航空器；

（7）散播虚假信息，以达到危害飞行中或地面上的航空器安全，以及机场或民航设施场所内的旅客、机组、地面人员或大众安全等目的。

（一）法律体系

1. 国际航空安保公约

20世纪60年代起，经国际社会的共同努力，初步形成了当前的国际航空安保法律体系，由《国际民用航空公约》附件17和关于航空安保的5个公约构成。

2. 我国关于非法干扰行为处置的相关立法

（1）《中华人民共和国民用航空法》1996年3月1日实施，转化了三大航空安保公约规定的罪行。《海牙公约》中明确规定了劫持航空器罪；《蒙特利尔公约》又着重追加了5种新的航空犯罪；《蒙特利尔公约补充协定书》中规定了2种在机场发生的非法暴力行为。我国目前的《中华人民共和国民用航空法》中关于非法干扰行为的规定仅做到了将国际公约规定的罪行与国内刑法相衔接。

（2）《中华人民共和国刑法》涵盖了主要类别的非法干扰行为。1979年《中华人民共和国刑法》明确劫机、破坏飞机和机场等为严重刑事犯罪。1997年修订《中华人民共和国刑法》时，将非法干扰行为纳入"危害公共安全罪和妨害社会管理秩序罪"。

（3）《中华人民共和国治安管理处罚法》对情节较轻尚未构成犯罪的非法干扰行为作出了处罚规定。

（二）非法干扰行为的处置原则

（1）安全第一。以最大限度保证国家安全和人机安全为最高原则，必要时可以用小的代价避免重大损失的发生。

（2）果断处置。当生命财产受到严重威胁时，应当采取有效措施，以防止或尽可能将损失和伤害减至最小。适时果断处置，抓住时机，果断决策，力争在短时间内解决，将危害减到最小。

（3）机长有最后处置权。在危及人机安全时，机长对航空器的操纵和机上人员的行动有最后决定权。

（4）力争境内处置。境内发生的重大劫机事件，应尽量避免在境外处置。

（5）谈判始终优先于武力的使用，直至没有继续谈判的可能性。

（6）保证通信渠道畅通、程序的执行和设备的使用。

（7）机上控制，机下处理。尽量保证遭受非法干扰行为的飞机停留于地面后处置。

（三）非法干扰行为的处置措施

（1）机组人员根据非法干扰行为人数量、所持工具类别及破坏威力、行为人攻击性等因素，迅速识别非法干扰行为的性质和类别。

（2）机组人员应将事态发展及形势评估情况及时报告机长，主要包括：行为人特征，行为人动机和目的，行为人手段包括威胁实施方式，行为人携带或声称携带的凶器、危险品的种类、特点，爆炸物的性质、威力、起爆装置，以及对所持物品的真伪判断等。

（3）机组人员在机长的领导和授权下共同制定处置方案。包括处置措施、人员分工、行动时机、行动位置、可利用的资源、行动信号、处置后的控制等。

（4）处置非法干扰事件时，应特别加强对处置现场的控制，控制客舱秩序，要求旅客配合，听从指令，防止发生其他不安全事件。全程监控非法干扰行为人，必要时调整旅客座位，为控制行为人划出限制区域，禁止无关人员接近。妥善处置危险物品，视情况将危险物品转移至指定位置，并划出限制区域，防止无关人员接近。

（5）发生冲击驾驶舱行为时，应及时报告机长，听从机长指示，并做好处置工作。

三、非正常旅客处理

（一）旅客更换座位

（1）为了飞行安全，飞机起飞前客舱乘务员不得随意允许任何人调换座位，特别是大面积的调换，避免飞机的配平失调。

（2）在飞行中如有空余座位，经客舱乘务员允许，旅客可以更换座位，但着陆前客舱乘务员应要求旅客回到原座位。

（二）旅客物品遗失

（1）在旅客离机后，或在旅客登机前，客舱乘务员在客舱捡到任何有价值的物品时，必须马上报告主任乘务长/乘务长进行查看，而且需要2人在场，将遗失物品逐一记录。

（2）主任乘务长/乘务长将捡到物品交给相关部门并保留好收据。

（3）如果是在旅途中捡到并证明是该旅客的物品，主任乘务长/乘务长确认后归还旅客。

（4）在登机后，如果旅客提出丢失了贵重物品，客舱乘务员要将丢失的物品了解清楚，并尽力帮助寻找。

（三）押送犯罪嫌疑人

（1）押送犯罪嫌疑人时不得与重要旅客同乘一架飞机；在同一个航班上不能同时押解2名具有危险性的犯罪嫌疑人。

（2）押解人员乘机时不得携带武器，实行早登机、晚下机，避免对同机旅客造成不便。

（3）押解人员必须确保犯罪嫌疑人没有携带武器、可导致人身伤亡的药品、火具或其他危险物品；并确保犯罪嫌疑人始终处于控制之下。

（4）被押送的犯罪嫌疑人的乘机座位，应安排在客舱的后部；犯罪嫌疑人不能在飞机前舱、应急出口、客舱门口处就座。

（5）对押解人员和犯罪嫌疑人均不得供应各种酒类、含酒精的饮料。犯罪嫌疑人用餐时，不能提供刀叉、搪瓷、玻璃、钢制餐具。

（6）任何情况下，都不得将犯罪嫌疑人铐在座位或其他固定物体及客舱设备上。

本章小结

（1）飞行机组包括机长和副驾驶；乘务组包括乘务长和各号位乘务员。机长，是经航空公司指定，在飞行时间内对飞机的运行和安全负最终责任的驾驶员。客舱乘务员，是出于对旅客安全的考虑，受航空公司指派在客舱执行任务的机组成员。每个人都是机组成员当中不可或缺的一员，都有特定的岗位职责。

（2）客舱乘务员每12个月必须在局方认可的体检机构完成体检，体检合格后才能参与执行飞行任务。

（3）客舱乘务员在执行航班任务时，需携带"三证"，即空勤人员登机证、客舱乘务员训练合格证、航空人员体检合格证。

（4）执勤是指机组成员按照公司的要求执行的所有任务，包括但不限于飞行执勤、置位、备份和培训等。

（5）休息期是指从机组成员到达适宜的住宿场所起，到执行下一次任务离开适宜的住宿场所为止的连续时间段。

（6）为保证安全运行，合格证持有人在所用每架载运旅客的飞机上，应当按规定配备客舱乘务员。对于旅客座位数量为20~50个的飞机，至少配备1名客舱乘务员；对于旅客座位数量为51~100个的飞机，至少配备2名客舱乘务员；对于旅客座位数量超过100个的飞机，在配备2名客舱乘务员的基础上，按每增加50个旅客座位增加1名客舱乘务员的方法配备，不足50个的余数部分按50个计算。

（7）机上扰乱行为是指在航空器上不遵守行为规范，或不听从机组人员指示，妨碍客舱乘务员行使职责，扰乱客舱秩序的行为。

（8）非法干扰行为指违反有关航空安全的规定，危害或足以危害民用机场、航空器运行安全或秩序，以及有关人员生命和财产安全的行为或未遂行为。

本章思考题

（1）机上指挥权的接替顺序是什么？
（2）客舱乘务员在执行国内航班飞行任务时需要携带哪些飞行证件？
（3）对于飞行证件的管理有什么样的要求？
（4）对于不同机型客舱乘务员的定员要求是什么？
（5）什么是非法干扰行为？非法干扰行为的类型有哪些？
（6）简述机上扰乱行为与非法干扰行为的区别。

第五章 设备安全管理

本章导读

客舱设备分为服务设备和应急设备。客舱服务设备是民航服务的载体，是决定航空公司服务品质的硬件要素；客舱应急设备保障了旅客的飞行安全。客舱设备的安全管理关系到航班的正常运行及紧急情况下的安全保障，关系到旅客的生命安全。客舱设备的安全管理者应当以"三个敬畏"为内核，真正做到敬畏生命、敬畏规章、敬畏职责，本着对旅客生命安全负责的态度，落实客舱设备的安全管理规定，完成客舱乘务员的基本岗位职责。

学习目标

知识目标

（1）了解机上客舱设备的位置、数量；
（2）掌握客舱服务设备的安全管理规定；
（3）掌握客舱应急设备的使用方法、注意事项及安全管理规定。

能力目标

（1）熟练掌握客舱应急设备航前检查的内容；
（2）提升客舱设备安全管理能力。

素养目标

通过对客舱设备安全管理的学习，提升学生的专业技能素养，使学生养成严谨、细致的工作作风，以"三个敬畏"为内核，培养学生的安全管理意识。

学习重点与难点

重点：应急设备的位置、数量、使用方法、航前检查内容。
难点：客舱服务设备及应急设备的安全管理规定。

第五章　设备安全管理

本章关键词

客舱服务设备（Cabin Service Equipment）
客舱应急设备（Cabin Emergency Equipment）
安全管理规定（Safety Management Provisions）

互联网资料

民航资源网

 思政荐读

创新精神——自力更生，艰苦奋斗

中国商用飞机有限责任公司，简称中国商飞，经国务院批准，于2008年5月11日在上海成立，是实施国家大型飞机重大专项中大型客机项目的主体，也是统筹干、支线飞机发展，实现我国民用飞机产业化的主要载体。中国商飞是中央管理的大飞机产业核心企业和骨干中央企业，由国务院国有资产监督管理委员会、上海国盛（集团）有限公司、中国航空工业集团公司、中国铝业集团有限公司、中国宝武钢铁集团有限公司、中国中化股份有限公司等共同出资组建，生产的主要商用飞机产品为ARJ21新支线飞机、C919大型客机和CR929远程宽体客机（研发中）。

C919大型客机是我国首款按照国际通行适航标准自行研制、具有自主知识产权的喷气式干线客机，性能与国际新一代的主流单通道客机相当。C919大型客机座级为158~192座，航程4075~5555公里，于2008年开始研制，2015年11月2日完成总装下线，2017年5月5日成功首飞，2022年9月29日获得中国民用航空局颁发的型号合格证，2022年12月9日全球首架交付，2023年5月28日圆满完成首次商业飞行。C919大型客机的市场规划是与空中客车公司和波音公司在国际大型客机制造业中形成A，B，C三家并立的局面。在新材料方面，C919大型客机采用铝锂合金、复合材料等先进材料实现飞机减重、增加使用寿命的目标。C919大型客机的第三代铝锂合金材料用量达到8.8%，先进复合材料用量达到12%。同时，由于大量采用复合材料，较国外同类型飞机80分贝的机舱噪声，C919大型客机机舱内噪声可望降到60分贝以下。在减排方面，C919大型客机将是一款绿色排放、适应环保要求的先进飞机，通过环保的设计理念，有望将飞机碳排放量较同类飞机降低50%。

ARJ21-700型支线客机（阿娇）是我国自主设计、自主研发，以全新机制、全新管理模式、全面应用数字化设计—制造技术研制的具有自主知识产权的支线喷气飞机。飞机的研制采取以我为主、开展国际合作的模式，即中国作为主制造商负责总体设计、系统集成、总装。

民机作为战略性产业的关键是我国要拥有自主知识产权，将飞机设计核心技术牢牢掌

握在我们自己手里，始终控制着国产民机的主导权。这种自力更生、艰苦奋斗，永不言败的创新精神，支持着一代又一代民航人不断前行。

第一节　服务设备安全管理

客舱服务设备是指客舱中对旅客或机组成员进行服务的相关设施设备，通常分为客舱基础设备、客舱照明系统、客舱通信设备、厨房设备、盥洗室设备、污水处理系统等六大类。由于篇幅所限，本书以 B737-800 飞机为例，介绍执行航班中有关服务设备的安全管理规定。

一、客舱基础设备

客舱设备的共有属性是服务设备，其本质的使用功能是服务功能。飞机上一些提供给旅客使用的客舱设备不论机型并无太大差别，安全管理也大致相同。

（一）座椅

1. 旅客座椅

B737-800 飞机上的旅客座椅有两种：头等舱座椅、经济舱座椅，如图 5-1 所示。旅客进入客舱后，主要的活动都在座椅上进行，因此必然对座椅有一定的要求。座椅首先应该是安全坚固的，其次要让旅客坐着舒服。在飞机加速时，旅客会被惯性向后压，座椅会承受向后的压力；而在飞机因故紧急减速时，座椅又会受到向前的作用力。如果座椅的性能不好，就可能导致旅客的身体受到伤害，因此旅客座椅在强度上必须能耐受住巨大的冲击力作用。

图 5-1　B737-800 飞机的头等舱、经济舱座椅

乘飞机时，每个旅客都需要一定的活动空间，空间越大，旅客就越会感到舒适，空间越小，则航空企业的利润越高。座椅间距的大小与安全息息相关，一旦飞机出现紧急情况，旅客必须迅速撤离飞机。如果座位间的距离太小，就不能达到国际民航组织对撤离时间的要求——大型客机在 1 分钟之内"必须把所有旅客全部撤离"。为此国际民航组织规定：座位间距离不能小于 73.7 厘米（29 英寸）。

（1）座椅靠背。旅客可以通过座椅靠背调节按钮（见图 5-2）将椅背向后调节 15°～30°，提升在飞行中的舒适程度。按照客舱安全管理规定，飞机起飞、下降时，必须将座椅靠背调直，以防紧急情况发生时阻碍、影响后排旅客快速撤离。

调直座椅靠背

图 5-2　座椅靠背及调节按钮

（2）安全带。安全带是客舱中保障旅客安全的最基础的防护装置，每个旅客座椅都配有一条可以对扣的安全带，机上同时配备 8 条婴儿安全带及 3 条延长/演示安全带（见图 5-3），供特殊旅客使用，储藏在后操作间的三角柜内。使用时，将连接片插入另一端锁扣中，并将安全带系得低而紧；解开时，将锁扣打开，拉出连接片。根据客舱安全管理规定，在飞机起飞、下降、颠簸时，乘务员必须要求旅客系紧、扣好安全带；巡航阶段旅客坐在座位上时，乘务员应建议旅客全程系好安全带，防止突发颠簸对旅客造成伤害。

图 5-3　安全带

（3）坐垫。坐垫为可拆卸结构，增加了旅客座椅的舒适程度。紧急情况需要水上迫降时，坐垫可当作水上漂浮物使用。

（4）扶手。旅客座椅扶手设有座椅靠背调节按钮、旅客控制组件，在需要时可以抬起，将座椅连接，方便特殊旅客使用。头等舱座椅及经济舱第一排座椅扶手中配有小桌板。根据客舱安全管理规定，飞机起飞、下降时，抬起的座椅扶手必须复位，经济舱第一排、头等舱旅客需将小桌板收回扶手中。

收起小桌板

（5）行李阻拦杆。行李阻拦杆（见图5-4）位于经济舱座椅下方，根据客舱安全管理规定，旅客的小件随身行李物品需放置在前排行李阻拦杆内，以确保在飞机起飞、下降、颠簸时，随身行李物品不会滑出。

图5-4　行李阻拦杆

 拓展阅读

驾驶舱座椅与乘务员座椅

B737-800飞机客舱中除了旅客座椅，还配有3个驾驶舱座椅和6个乘务员座椅，如图5-5所示。

 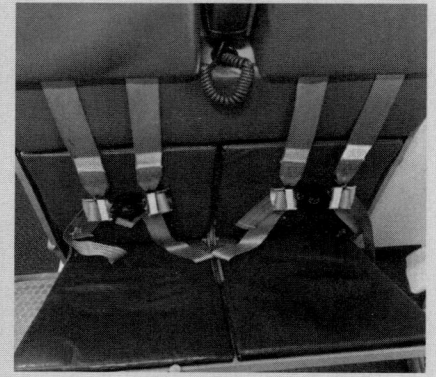

图5-5　驾驶舱座椅和乘务员座椅

驾驶舱座椅分为两种，一种是正副驾驶员座椅，另一种是第三副驾驶或随机观察员座椅，为可移动折叠式。驾驶舱座椅同样也采用五点式安全带。

乘务员座椅在前舱L1门，后舱L2门、R2门处各2个。乘务员座椅的头垫可取下，水上撤离时可作漂浮物使用。座椅采用5点式安全带，有自动弹回式坐垫。座椅下方配有储藏柜，用于放置应急手电筒、机组救生衣、各类机载应急检查单。

（二）舷窗

舷窗（见图 5-6）又叫观察窗，均匀分布在飞机客舱两侧。舷窗配有遮光板及窗灯，B737-800 飞机天空内饰增配氛围灯，增加了客舱的舒适氛围。根据客舱安全管理规定，在飞机起飞、下降时，必须将遮光板打开，以便机上人员及时发现机舱外部异常情况。

打开遮光板

图 5-6　舷窗

（三）行李架

行李架（见图 5-7）用于放置旅客随身携带的行李物品、机组行李物品及部分机载设备，分布在头等舱第一排起至经济舱最后一排的天花板两侧，行李架的边缘处标有旅客座位号码及载荷限制。依据客舱安全管理规定，在飞机为起飞而关闭舱门、滑行、起飞、下降、着陆、着陆后安全带指示灯熄灭前，必须保持行李架关闭并锁定。所有存放于行李架的物品，其质量不得超过行李架上所标示的载荷限制。乘务员在关闭行李架时，需检查行李的摆放是否合理，是否有冷冻制品或液体，避免冷冻制品融化或液体外漏给旅客带来不便。

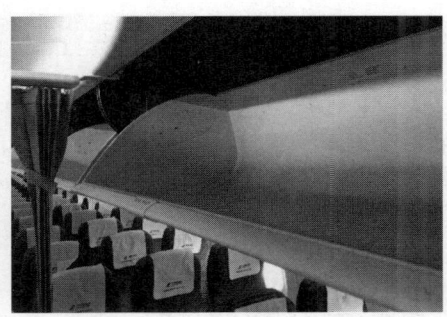

图 5-7　行李架

如行李架在飞行中故障，可采取以下处置措施：
（1）乘务组清空行李架内物品。
（2）行李架盖板锁闭情况下。
① 确保行李架能锁在关闭位。
② 在失效的行李架显著位置贴挂红色故障标牌。
③ 失效的行李架内不能存放应急设备，且失效的行李架只能存放永久固定物。

关闭行李架

④ 行李架间如果没有隔板，应将该侧行李架视为单独一个。

（3）行李架盖板拆除情况下。

① 确认失效的盖板已经拆除，对于可收缩式的盖板，确认其锁定在收缩位（完全打开位）。

② 失效的行李架只能存放永久固定物，安装于永久固定支架内的应急设备可以使用。

③ 在失效的箱柜显著位置贴挂红色故障标牌。

④ 采取有效措施提醒机组和旅客失效行李架的位置，且告知旅客相关行李架不可被使用。

（四）衣帽间

B737-800飞机头等舱配有衣帽间，可用于存放头等舱旅客的衣物、机组飞行箱、机载报车、婴儿摇篮及部分头等舱服务用品。根据客舱安全管理规定，飞机起飞、下降时，应将机载报车、婴儿摇篮收起，可存放在衣帽间。

（五）隔板及书报架

隔板（见图5-8）设在前舱厨房与头等舱第一排前、头等舱第二排后与经济舱第一排前，用于区分客舱功能区域，头等舱第一排及经济舱第一排通常称为隔板区域座位。紧急情况下，隔板区域旅客的防冲击安全姿势与其他座位旅客的防冲击安全姿势有所不同，因此在紧急情况发生时，部分特殊旅客不可坐于隔板区域座位，如孕妇、抱小孩的旅客、上肢残疾旅客等。

（六）显示屏

显示屏（见图5-9）均匀分布在旅客头顶上方的行李架下方，用于向旅客播放安全须知录像、航路信息、娱乐节目等。在飞机起飞、下降时，乘务员必须确认显示屏已收起。

图5-8 隔板

图5-9 显示屏

（七）旅客服务单元

B737-800飞机在每排相连的三个座位上方，配有一组旅客服务单元，如图5-10所示。每个旅客服务单元安装有相应座位的阅读灯及其控制电门、呼唤铃、通风口、"禁止吸烟"和"系好安全带"提示灯，每间隔一个旅客服务单元设有一个扬声器。

"禁止吸烟"提示灯一般会在飞机开始滑行至航程结束飞机停稳全程亮起，以提示旅客航行过程中全程禁止吸烟。"系好安全带"提示灯在飞机滑行、起飞、着陆及颠簸时亮起，同时伴有单高谐音，以提醒旅客系紧、扣好安全带；同时，乘务员应视情况增加广播，确保旅客安全。如遇到"禁止吸烟"及"系好安全带"提示灯故障时，乘务员依情况判断，必要时广播通知旅客，确认所有旅客系好安全带、没有吸烟。

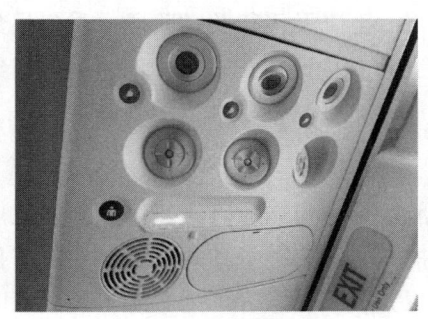

图 5-10　旅客服务单元

二、客舱照明系统

B737-800 飞机的客舱照明系统分为正常照明系统和应急照明系统。正常照明系统的控制电门位于前舱乘务员控制面板，应急照明系统的控制电门位于后舱乘务员控制面板。当进行客舱安全检查或安全演示时，客舱照明应处于"White Bright"位；起飞、下降阶段，客舱照明应依据外部光线进行调节，以保证在观察起飞下降阶段的外部情况时，不受客舱光线的影响，此时客舱照明应处于"Take-off/Landing"位。

三、客舱通信系统

B737-800 飞机的客舱通信系统包含内话系统和客舱广播系统。

（一）内话系统

内话系统是驾驶舱和乘务员操作间及乘务员操作间之间的电话网络。内话机也可作为广播器使用，如图 5-11 所示，B737-800 飞机有 3 个内话机，分别位于前舱乘务员操作间、后舱乘务员操作间 L2 门乘务员座椅上方和 R2 门乘务员座椅上方。

图 5-11　内话机/广播器

客舱内话系统通过按压手持话筒上相应按键实现拨打电话及客舱广播。

（1）乘务员呼叫驾驶舱（正常情况），按压数字"2"。

（2）乘务员呼叫驾驶舱（紧急情况），按压数字"222"。

（3）乘务员呼叫乘务员（前后舱呼叫），按压数字"5"。

根据安全运行规则，起飞、下降及飞行关键阶段，乘务员禁止使用内话系统呼叫驾驶舱，紧急情况除外。当驾驶舱/客舱内话机出现故障时，使用机组协同准备时约定的备用通信方式进行联络。

（二）客舱广播系统

客舱广播系统用于驾驶舱、乘务员向旅客进行广播。客舱广播系统设有优先权，按照从高到低的级别：驾驶舱广播—客舱广播—预录广播—录像节目录音—机上音乐。紧急情况下，客舱广播由乘务长负责完成。当旅客广播系统出现故障时，乘务员应制定与旅客联系的方式，考虑旅客的座位安排和服务需要；建议乘务员与旅客联系的备份方式有个别简介、小组形式简介、使用扩音器。

四、厨房设备

B737-800 飞机有 2 个厨房，分别位于客舱的前部和后部，厨房区域是乘务员的工作区域，也称乘务员操作间，通常可将厨房设备分为通用设备和电器设备。通用设备无论机型，安全管理都大致相同，有餐车、储物箱/柜、保温箱、水龙头、污水槽、垃圾箱等；厨房电器设备根据机型的不同，数量、配置也有所不同，包括烤箱、热水器、咖啡机、烧水杯、配电板等。

（一）厨房通用设备

1. 餐车

餐车（见图 5-12）用于存放机上餐食、饮料和机供品，由餐车把手、干冰盘、餐车门、餐车锁扣、餐车刹车组成。根据餐车的大小不同，可分为全车和半车，前厨房配有 2 个半车车位和 3 个全车车位，后厨房配有 5 个全车车位，每个餐车车位配有车位锁扣，以确保餐车固定。飞机上的餐车基本是通用的，适用于各类机型。

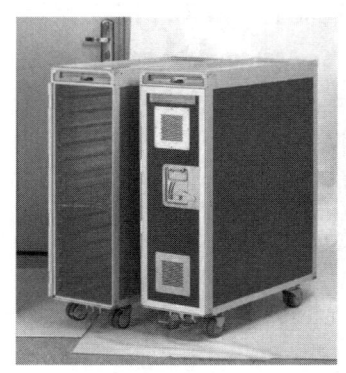

图 5-12 餐车

餐车的使用需结合安全管理，使用时，至少应有一名乘务员操作餐车，拉出时应有口头提示，避免餐车碰伤旅客。两位乘务员共同操作餐车时，应注意相互配合，及时提醒对方乘务员身后状况，餐车在客舱内停留时，应随时刹车，严禁把餐车在无乘务员看管的情况下留在客舱。餐车门带有磁性，可吸附在一侧餐车车壁上，装有饮料和餐食的餐车推出客舱时，餐车门应保持锁闭状态。餐车使用后应及时归位，在飞机滑行、起飞、下降、颠簸及紧急情况时，餐车刹车及车位锁扣都应保持在锁定状态。

如发现餐车刹车、餐车门锁扣故障，应及时报告客舱经理/乘务长，并要求配餐人员将故障的餐车移走检修或更换。如果无法及时卸下故障餐车，则应在餐车上挂放红色故障标牌，确定餐车处于有效固定状态，航程中不得使用故障餐车。客舱经理/乘务长负责完成《乘务日志》的录入和数据上传，无须填写《客舱维修记录本》。

2. 储物箱/柜

储物箱/柜用来储存机供品、机上演示用品和机组人员个人物品等，每个储物箱/柜面板都有一个旋钮式锁扣和红色固定锁扣，起飞、下降时，应锁定锁扣，以确保储物箱/柜固定。

3. 保温柜

保温柜加装于厨房储物柜内，柜门上标有"BUN WARMER"字样，具有加热保温的功能。保温柜的电门分为"ON"开位和"OFF"关位。当保温柜电门处于"ON"位时，不得存放易燃物品，否则会出现冒烟或产生异味等现象；无须保温时，应及时将电门置于"OFF"位。

如飞行中遇到储物箱/柜失效时，乘务组应清空储物箱/柜内物品。在储物箱/柜锁闭情况下：确保箱门或柜门能锁在关闭位；在失效的箱/柜显著位置贴挂红色故障标牌；失效的箱/柜内不能存放应急设备，且失效的箱/柜只能存放永久固定物。在储物箱/柜门拆除情况下：确保失效的箱/柜已经拆除，对于可收缩式的箱/柜门，确定其锁定在收缩位（完全打开位）；失效的箱/柜只能存放永久固定物，安装于永久固定支架内的应急设备可以使用；在失效的箱/柜显著位置贴挂红色故障标牌；采取有效措施提醒机组和旅客失效箱/柜的位置，且告知旅客相关箱/柜不可被使用。

4. 垃圾箱

垃圾箱位于前后厨房靠近机舱门处，用于存放垃圾。使用时必须套上机上供应的垃圾袋，不得丢入易燃物品、液体等，使用完毕时应保持垃圾箱盖板处于关闭状态。根据客舱安全管理规定，飞机下降期间，禁止将垃圾箱内的垃圾整袋置于锁闭的盥洗室内。

（二）厨房电器设备

1. 烤箱

B737-800飞机在前后厨房都配有烤箱（Oven），如图5-13所示，用于加热机上餐食。每个烤箱的右上角都配有红色固定锁扣，烤箱门把手为旋钮式锁扣。

图 5-13 烤箱

烤箱使用规范：

（1）打开烤箱门，检查烤箱内是否有异物、油渍，禁止将塑料制品、纸类及其他易燃物放入烤箱；

（2）烘烤餐食必须使用烤箱架，每个烤箱架上放置的餐食不得超过两层，汤汁应摆放于烤箱架的底层，避免因挤压造成油、汁外溢，应及时清理餐食油、汁；

（3）掌握各类餐食的烘烤时间，选择合适的烘烤模式进行餐食烘烤，尽量在地面烘烤餐食，监控烤箱工作情况，禁止使用高温模式；

（4）开关烤箱门不得用力过猛，烤箱门关闭后，应确认锁扣正常，避免其在飞机起飞、下降时弹开；

（5）飞机起飞、下降期间，关闭烤箱电源，烤箱门锁扣必须处于"LOCK"位且红色固定锁扣锁定；

（6）出现异常情况，首先切断电源，关闭烤箱门，如发生火警按烤箱火警处置程序处置，并报告机长。

2. 热水器

热水器（Water Heater）为自动加热装置，一次性可加热 4.1L 水。当热水器开关处于"ON"位时，粉红色灯"ON"亮；当水温达到 87℃（188.6°F）时，蓝色灯"READY"亮；热水器内水量不足时，红色灯"NO WATER"亮，热水器自动停止加热；重新注水后，打开水龙头放气，直至红色灯灭，热水器自动开始加热。在飞机起飞、下降阶段，关闭热水器。

3. 咖啡机

咖啡机（Coffee Maker）由水箱、控制面板、咖啡过滤网、咖啡壶、固定手柄、出水龙头、保温垫板组成，前后厨房各配备一台。咖啡机控制面板的组件有：电源键"ON/OFF"、热水指示灯"WATER IS HOT"、冷水键"COLD"、热水键"HOT"、注水键"BREW"、注水完成指示灯"BREW READY"、无水指示灯"NO WATER"。热水器与咖啡机如图 5-14 所示。

第五章　设备安全管理

图 5-14　热水器与咖啡机

咖啡机使用规范：

（1）将咖啡壶置于咖啡机内，然后将固定手柄按压到位；

（2）按压电源按钮，"ON/OFF"灯亮，咖啡机自动开始加热，一次能加热 1.5L 水，加热约 5 分钟后，"WATER IS HOT"灯亮；

（3）按压注水键"BREW"后，热水自动注入咖啡壶内，待"BREW READY"灯亮 15 秒后，可自动停止注水，注满约耗时 4 分钟；

（4）按压热水键/冷水键，咖啡机右侧出水口可自动流出热水/冷水；

（5）当长时间不使用咖啡机时，应关断电源，避免保温垫板空烧；

（6）咖啡机有过热保护装置，当水温过热时，电源自动切断；

（7）水箱内水量不足或压力不足时，"NO WATER"灯亮。

飞行中，如遇到厨房设备故障，具体处置如表 5-1 所示。

表 5-1　厨房设备故障处置

情况描述	处置
跳开关跳出	故障未解除前，暂停使用该设备及其区域内设备，如发生火警，应按照"厨房失火"处置程序处置
烤箱异常声响或其他故障	
烧水杯不能正常工作	
烧水器不能正常工作	
冷藏装置故障	
电器接通电源后指示灯不亮	
红色锁扣松动或脱落	相应的储物箱/柜及区域不得存放任何物品
下水道堵塞	禁止使用该水槽
水阀门失效（出水不能关断）	关断水阀门

烤箱故障时的处置流程：

（1）烤箱故障时，应根据实际情况准确填写《客舱维修记录本》，正确区分油烟、烟和雾气。如明确看到燃烧的火焰，才可在故障描述中使用"火"字。

（2）烤箱冒出烟雾的可能情况有两种。绝大多数情况是食物或油垢烧焦，如食物未密封良好，可能会被烤箱风扇吸走，吹到电阻丝上将食物烧焦；烤箱使用一段时间后挡板可能会积油垢，油滴也可能滴到电阻丝上将电阻丝烧焦。这些情况可以描述为"有油烟味"，或"有白色油烟"，或"有黑色油烟"。极少数情况是线路烧焦，如果发生线路烧焦，会有很明显的胶皮烧焦味，和食物油垢等的烧焦味完全不同。线路烧焦很罕见，如确实是胶皮烧焦味，可以描述为"有胶皮烧焦味"，或"有白烟，带胶皮烧焦味"，或"有黑烟，带胶皮烧焦味"。

（3）油烟是油脂受热分解产生的烟雾，常伴有刺鼻的气味。

（4）烟不是气体，物理上是粉尘颗粒物，是固体，因为重量很轻，可以飘在空气中，就形成了烟。

（5）雾气是液态的，是水蒸气遇冷空气冷凝形成的小液滴，可以用肉眼观察到。

五、盥洗室服务设备

B737-800飞机共有三个盥洗室（见图5-15），客舱前部乘务员座椅背后有一个，客舱后部最后一排旅客座椅后方有两个，盥洗室的数量可根据各公司客舱分布要求的不同而变化。每个盥洗室有盥洗室门、旅客服务单元、洗手池及镜柜、马桶及扶手、垃圾箱、水加热器、水关断阀门及排水阀门等，其中左后洗手间配有婴儿护理台。盥洗室顶部配有灯光组件、烟雾探测器、顶部储藏箱内配有应急氧气面罩。

图5-15　盥洗室

（一）盥洗室门

B737-800飞机盥洗室门有平开门与折叠门两种，均有"VACANT/OCCUPIED"（绿色无人/红色占用）显示牌，随盥洗室门锁使用情况而变化。盥洗室门可从内外部开关，通过滑动手柄上方的锁栓，可从内部锁门或开启；从外部开启或关闭时，需掀起"VACANT/OCCUPIED"或"LAVATORY"门牌，滑动锁栓完成，如图5-16所示。当盥洗室有人占用时，客舱内盥洗室占用指示灯亮起。遇特殊情况时，两种盥洗室门均可拆卸。

（二）旅客服务单元

各盥洗室都配有旅客服务单元（见图5-17），包括返回座位指示灯、乘务员呼叫按钮。如遇颠簸或特殊情况时，返回座位指示灯亮起，提示旅客尽快回到客舱座位。当旅客按压乘务员呼叫按钮时，盥洗室门外部上方及该区域呼叫显示系统的琥珀色灯同时亮起，乘务员应及时敲门询问旅客是否需要帮助。复位时，按压盥洗室门外部的琥珀色灯或旅客再次按压按钮即可。

图 5-16　盥洗室门及门闩

图 5-17　盥洗室旅客服务单元

（三）洗手池及镜柜

各盥洗室内配有供旅客清洁使用的洗手池，洗手池配备的水龙头有两种，按压式和感应式。两种水龙头均可调节水温，蓝色为冷水，红色为热水。通过水龙头旁的排水按钮可将洗手池的蓄水排出。镜柜下方的金属栓可将镜柜开启，镜柜中可存放盥洗室卫生用品。

（四）马桶及扶手

B737-800 飞机各盥洗室设有真空抽水马桶（见图 5-18），配有马桶座圈、马桶盖板及扶手，在特殊情况下可协助旅客固定自身。马桶盖板旁设有蓝色"PUSH"键，按压即可冲水，冲水时长约 7 秒，再次按压需间隔 15 秒。使用时应注意，严禁将卫生纸以外的杂物扔进马桶，严禁乘务员将未使用的冰块倒入马桶。在飞机起飞、下降时，需将马桶盖板盖上，确认盥洗室无人使用并锁定。

（五）垃圾箱

各盥洗室洗手池下方有一个垃圾箱（见图 5-19），垃圾箱盖板使用后可以自动弹回。垃圾箱盖板为灭火设备，如垃圾箱内有火情可阻断氧气。

图 5-18　真空抽水马桶

图 5-19　垃圾箱

（六）水加热器

水加热器安装于每个盥洗室洗漱池下方，正常工作时琥珀色灯亮，使水温保持在52～56℃之间。水加热器有过热电门，可自动关断加热元件，当水温超过88℃时，电源开关自动切断，也可以通过水加热器外部的人工电门手动关闭水加热器。

（七）水关断阀门及排水阀门

1. 水关断阀门

每个盥洗室洗手池下方安装有水关断阀门，有四个挡位，分别为供水位（SUPPLY ON）、关断位（OFF）、仅供洗手池（FAUCET ONLY）和仅供马桶（TOILET ONLY），通常情况下该阀门置于供水位。当盥洗室内设备故障时，乘务员应选择相应阀门关断供水，锁闭该盥洗室，并贴上标签禁止旅客使用，同时报告乘务长，飞机落地后及时填写《客舱维修记录本》，通知机务人员进行维修。

2. 排水阀门

前舱盥洗室水关断阀门的里侧安装有排水阀门，共有两个挡位，即关闭位（CLOSED）和排水位（OPEN）。当该阀门置于排水位时，飞机水箱内的水可直接排至机外，因此在飞机运行时，排水阀门应保持在"关闭位"，切勿将手柄置于"排水位"。

六、污水系统

厨房废水和盥洗室洗手池的废水通过安装在机身外的高温排水口排出。乘务员在操作时禁止将含颗粒的果汁直接倒入厨房水槽内，禁止将牛奶、奶油、含酸性液体（如橙汁、苹果汁等）的牛奶、咖啡渣、茶叶、剩余食物等倾倒至洗手池中，因为它们会导致污水排放系统堵塞。

每个盥洗室设有独立的污水系统，马桶中的污水排入独立的废水箱中。当后舱乘务员控制面板中的污水系统（WASTE SYSTEM）指示灯（见图5-20）显示"F"（满位），或"马桶不工作"指示灯亮时，所有马桶的冲水功能失效。"清洁/检查传感器"（CLEAN/CHECK SENSOR）指示灯亮时，表示系统需要维修，但排污系统仍继续工作。

图 5-20　污水系统指示灯

第五章 设备安全管理

第二节 应急设备安全管理

客舱应急设备是指在紧急情况下，为了避灾、逃生、救护，供民航乘务员和旅客使用的设备的总称。机型不同，应急设备的分布与数量也有所不同。根据客舱应急设备功能的不同，可将应急设备大致分为供氧设备、灭火设备、应急撤离设备、应急医疗设备等。

一、应急设备配置

根据中国民航局相关要求，B373-800 飞机应急设备的配置情况如表 5-2 所示。

表 5-2　B737-800 飞机应急设备配置情况

名称	数量	图标	位置
便携式氧气瓶（311 升）	5		前储藏柜内 3 个；第 71 排 ABC 座椅背后 1 个；第 71 排 JKL 座椅背后 1 个
氧气面罩	266		驾驶舱内 4 个；每排乘务员座椅上方各 2 个；每排旅客座椅上方各 4 个；前厨房区域 2 个；每个盥洗室内各 2 个
海伦灭火瓶	3		驾驶舱内 1 个；前储物箱/柜内、第 71 排 ABC 座椅背后各 1 个
水灭火瓶	1		第 71 排 JKL 座椅背后
防护式呼吸装置	4		驾驶舱内 1 个；前储物箱/柜内 1 个；第 71 排 ABC 座椅背后 1 个；第 71 排 JKL 座椅背后 1 个
防烟眼镜	2		驾驶舱内 2 副
自动灭火装置	3		每个盥洗室垃圾箱上方各 1 个
烟雾探测器	3		每个盥洗室天花板上各 1 个
应急出口	10		驾驶舱左右 2 号风挡
			L1、L2、R1、R2 门
			左、右翼上出口（前排）
			左、右翼上出口（后排）
撤离滑梯	4		L1、L2、R1、R2 门各 1 个
圆形救生筏	4		第 43 排 JKL 行李架内 1 个；第 42、58 和 60 排上方天花板内各 1 个

(续表)

名称	数量	图标	位置
救生衣	206		驾驶舱内4件（红色）；每位乘务员座椅下方各1件（红色）；经济舱每位旅客座椅下方各1件（黄色）；婴儿救生衣8件（黄色），备份旅客救生衣4件（黄色）放置于后服务舱三角柜内
急救箱	2		第41排ABC行李架内1个；第71排ABC行李架内1个或第71排JKL行李架内1个
应急医疗箱	1		第41排ABC行李架或第41排JKL行李架内
卫生防疫包	2	UP	第41排ABC行李架内1个；第71排ABC行李架内1个或第71排JKL行李架内1个
便携式应急定位发射器	1		前储物箱/柜内或第42排JKL行李架内
自动型应急定位发射器	1		飞机后部天花板上方的机梁上
撤离绳	4		驾驶舱左、右2号风挡，左、右后翼上应急出口各1条
扩音器	2		前储物箱/柜内1个；第71排ABC行李架内1个
应急斧	1		驾驶舱内
应急手电筒	8		驾驶舱内2个；每位乘务员座椅下方各1个
机载检查单	6		每位乘务员座椅下方各1份
婴儿安全带	8		后服务舱三角柜内
安全演示用品包	1		第41排ABC行李架内

二、供氧设备

机上供氧系统为机组及旅客提供的氧气仅用于应急用氧。飞机客舱为密闭增压环境，随着飞行高度的增加，大气中的含氧量下降，在4000米以上的高度上人体就会缺氧，不能维持正常的活动。为了保证机上人员的安全和舒适，现代客机上都装有客舱增压系统。

（一）氧气面罩（Oxygen Mask）

氧气面罩分布在旅客座椅上方、乘务员座椅上方及盥洗室天花板，储藏在旅客头顶上方的旅客服务单元内。每个旅客服务单元内安装有1个氧气发生器（Oxygen Generator），配有4个氧气面罩。氧气面罩供氧流量2升/分钟，可持续供氧时间约12分钟。高高原机型每个旅客服务单元内安装 2 个氧气发生器，每个氧气发生器连接 2 个氧气面罩，供氧流量 2 升/分钟，持续供氧时间约 22 分钟。每排乘务员座椅及盥洗室内各有 2 个氧气面罩。

氧气面罩的脱落方式有 3 种：自动方式、电动方式和人工方式。

1. 自动方式

一般情况下，驾驶舱的氧气面罩电门会放置在"AUTO"自动位，此时，当飞机客舱高度达到 4200 米（约 14 000 英尺），旅客服务单元内的氧气面罩将自动脱落。

2. 电动方式

当自动方式失效时，操纵驾驶舱氧气面罩电门至"ON"位，客舱内所有氧气面罩即可脱落。

3. 人工方式

在旅客服务单元的氧气面罩储藏箱盖板上有小孔，当自动方式和电动方式都不能使氧气面罩脱落时，可用针状物品将储藏箱打开使氧气面罩脱落。

使用氧气面罩时，待其脱落后（见图 5-21），用力拉下一排相连的任一面罩，氧气发生器即可启动供氧，通过内置式供氧指示器可确认氧气面罩的供氧情况。将面罩罩在口鼻处，将带子套在头上，进行正常呼吸。调节面罩松紧使面罩与口、鼻吻合。乘务员应协助其他旅客戴上氧气面罩。氧气发生器工作时，其组件会发热，客舱的温度会稍有增加，同时伴随燃烧的气味和烟雾。因此，严禁将使用过的氧气面罩重新放回原位。氧气发生器开启工作后不能人工关断，客舱内要严禁烟火。当机上发生火灾时，氧气面罩不能作为防烟面罩使用。氧气面罩使用完毕后，乘务人员要填写《客舱维修记录本》。

图 5-21　脱落后的氧气面罩

（二）便携式氧气瓶（Portable Oxygen Bottle）

便携式氧气瓶（见图 5-22）为旅客和机组人员提供以急救为目的的用氧，或人员移动时的补充用氧。它由开关阀门、压力指示表、氧气面罩和钢瓶组成。氧气瓶有 2 个流量阀门可供选择，低流量口供氧流量 2 升/分钟，高流量口为 4 升/分钟。飞机上的氧气瓶有 2 种型号，当温度为 20℃且便携式氧气瓶压力指示数为 12.4MPa 时，它们的自由氧容量分别为 120 升和 311 升。

便携式氧气瓶

图 5-22 便携式氧气瓶

乘务员对便携式氧气瓶航前检查时应确认：氧气瓶位置、数量正确；瓶体无破损；氧气瓶在有效使用期内；氧气瓶输出口防尘帽盖好，铅封完好；压力指示在红色区域（FULL 位），压力值为 12.4~22MPa；配有密封、消毒且适合的氧气面罩。

使用时，取出氧气面罩，将塑料管插头与选择的流量口衔接；打开氧气面罩，提起金属条使其形成开放的口袋状；逆时针方向旋转打开氧气瓶阀门，并观察是否有氧气注入氧气面罩；把带子套在头上，将金属条卡在鼻梁上，调整面罩下沿罩住下颚，使面罩与鼻子和脸颊相吻合；监控氧气流量。需要注意的是，氧气面罩使用时不应碰到油腻物，使用氧气瓶时前后 4 排座位（3 米内）严禁烟火，使用背带将便携式氧气瓶固定在座椅扶手或支架上，不使用时，应将其放回固定支架上并扣紧。使用后，乘务人员应将氧气瓶使用情况填入《客舱维修记录本》，并及时报告机长。

三、灭火设备

根据可燃物质的性质，通常将火灾分为 A，B，C，D 4 类。A 类火灾指由固体易燃物，如纸、木、布、纤维、橡胶、某些塑料等引起；B 类火灾指由易燃液体，如汽油、滑油、油漆等引起；C 类火灾指由电气设备短路、漏电，或马达、电门、厨房设备等引起；D 类火灾指由充电宝、手机、平板/笔记本电脑的电池燃烧引起。飞机上最常遇到的火灾是 A 类和 C 类火灾，一般民航飞机上都配有 2 种不同类型的灭火瓶，用于处置不同原因引起的火灾。

（一）水灭火瓶（Water Fire Extinguisher）

B737-800 飞机配备的是轻型手提式水灭火瓶（见图 5-23），瓶身绿色。水灭火瓶仅适用于处置纸张、木材等固体易燃物引起的火灾，不能用于处置易燃液体或电器类火灾。因为它用于易燃液体类火灾会导致助燃，用于电器类火灾会导致严重的电击或致命。适航的水灭火瓶配有铅封，手柄上有可见的二氧化碳气瓶，灭火剂释放时间大约 40 秒。使用时，顺时针转动手柄至最大限度，使二氧化碳气瓶充气；垂直握住瓶体；如空间允许，操作者应站立于距火源 2~3 米处；灭火时，喷口对准火源底部，拇指按压喷射开关，快速循环喷射。需要注意的是，水灭火剂中加有防冻剂，不可饮用。

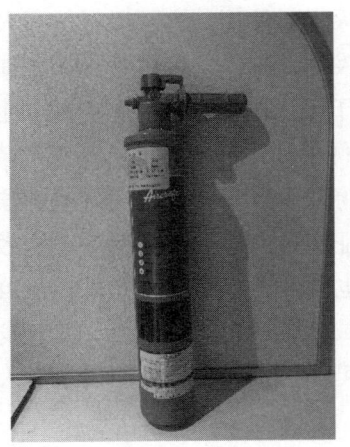

图 5-23　水灭火瓶

（二）海伦灭火瓶（Halon Fire Extinguisher）

海伦灭火瓶简称 HAL，又称 Halon 1211（溴氯二氟甲烷），如图 5-24 所示，它适用于由燃油及油脂性物质引起的火灾和电器类火灾。海伦灭火瓶配有铅封、安全销、压力指示表，压力指示在绿色区域为适航。海伦灭火剂释放时间为 8~10 秒，喷出的是汽化雾（但很快会被气化），可以隔绝空气使火源被扑灭。使用时拉出安全销，握紧手柄，将拇指置于释放手柄，保持瓶体直立。如空间允许，操作者应站立于距火源 2~3 米处，将喷口对准火源底部，拇指按压释放手柄，进行左右喷射。由于海伦灭火剂渗透性较差，火源表层的火被扑灭后，里层可能仍有余火，因此，为避免复燃，应将火区用水浸湿（电器类火灾除外），并注意观察火场。海伦灭火剂是一种惰性气体，因此，海伦灭火瓶不能用于扑灭人身上的火，以免造成人员窒息。

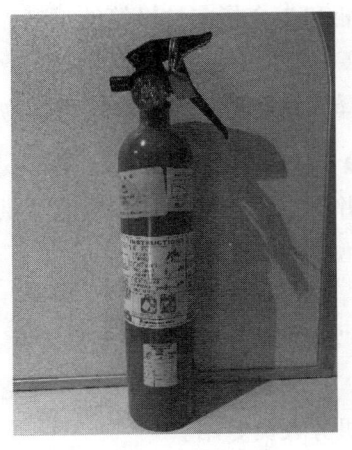

图 5-24　海伦灭火瓶

（三）防护式呼吸装置（Protective Breathing Equipment）

防护式呼吸装置简称 PBE，又称防烟面罩（见图 5-25），供客舱乘务员和机组人员在客舱封闭区域失火和有浓烟需灭火时使用。它可以保护灭火者的眼睛和呼吸道不受火和烟的侵害。PBE 的氧气是由氧气发生器提供的，可为灭火者提供至少 15 分钟的可呼吸环境，以便能有效地灭火。PBE 存放于灭火瓶附近，为真空独立包装。使用时，撕开贮存盒内的真空包装，取出并拉开 PBE 一侧的作用环，即可启动氧气装置，听到氧气流动声或看到氧气指示器绿灯亮时方可使用；将双手手掌相合，插入橡皮颈口中，撑开面罩；快速将面罩戴到头上，将头发放入罩内保证密封良好。PBE 为非隔音效果设计，所以使用者能够使用内话机或手持话筒进行广播，也可以进行面对面交谈。当 PBE 开始收缩瘪塌时，表示系统供氧停止，应迅速离开火警区域，取下面罩，拍掉头发上残留的氧气。PBE 不得接触油、油脂或含汽油的润滑剂，否则可能引发火灾。使用后乘务人员应将使用情况填入《客舱维修记录本》。

图 5-25　防护式呼吸装置

（四）自动灭火装置（Automatic Fire Extinguisher）

B737-800 飞机每个盥洗室洗手池下方、垃圾箱上方都设有一个自动灭火装置。每个自动灭火装置包括 1 个海伦灭火瓶和 2 个指向垃圾箱的喷嘴，当温度达到温度指示牌受热启动最低点，即 82℃/180℉ 或 77℃/170℉ 时，灭火剂将通过 2 个热敏喷口自动释放至垃圾箱。灭火剂释放时间为 3~15 秒，释放完毕后，喷嘴的颜色变为白色。

（五）烟雾探测器（Smoke Detector）

烟雾探测器用于探测烟雾并提供声响警告，它由电池供电，安装于每个盥洗室天花板上。B737-800 飞机通常有 2 种型号的烟雾探测器。

1. Kidde 型（见图 5-26）

（1）状态指示灯：显示为"绿色"，常亮表示系统工作正常，闪亮表示需要维修；显示"红色"为警告，常亮表示探测到烟雾，闪亮表示探测失败。

（2）测试按钮：该按钮为机务人员专用。

（3）警告声响解除按钮：复位操作完成后 30 秒，探测器探测烟雾功能恢复。

图 5-26　Kidde 型烟雾探测器

2. Jamco 型（见图 5-27）

（1）复位键：解除声响警告。

（2）电源指示灯：绿色。

（3）警告灯：红色。

（4）测试按钮：一般未启用。

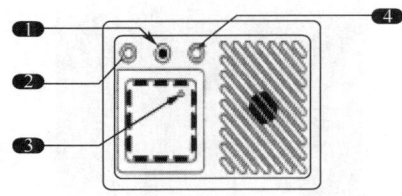

图 5-27　Jamco 型烟雾探测器

（六）应急斧（Emergency Axe）

应急斧用于紧急情况下清理障碍物，也在灭火时使用，它存放于驾驶舱内，如图 5-28 所示。应急斧手柄包着可抗 2400V 电压的绝缘材料，防止使用者与电线接触时遭到电击。刀口处配有护套，以防伤人。

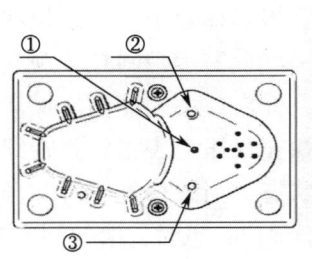

图 5-28　应急斧

四、应急撤离设备

应急撤离设备是在飞机迫降时供机组和旅客迅速撤离飞机并避灾、求生的救生设备。

（一）应急出口（Emergency Exit）

B737-800 飞机的客舱内共有 8 个应急出口，包括 4 个舱门（见图 5-30），即 L1、R1、L2、R2 门，又称地板高度出口，以及 4 个翼上应急出口，又称非地板高度出口。翼上应急出口仅供紧急情况下使用。紧急情况下，乘务员根据机长的指令，迅速开启应急出口，指挥旅客撤离飞机。陆地撤离时间为 90 秒，水上撤离时间为 120 秒。B737-800 飞机着水后机头高于机尾，因此后舱的 2 个舱门在水上撤离时不得使用。

1. 舱门结构及管理

（1）舱门结构及管理。B737-800 飞机的 4 个舱门（地板高度出口）并无助力系统，结构及操作方法相同，均配有一个单通道撤离滑梯。舱门由观察窗、红色警示带、舱门操作手柄、辅助手柄、使用说明标牌、滑梯充气瓶压力表、滑梯储存舱、贮藏钩、围板条、滑梯固定连杆（戈特棒）及地板支架构成。舱门在开启状态时，舱门右侧处配有阵风锁和警示带。B737-800 飞机的舱门如图 5-29 所示。

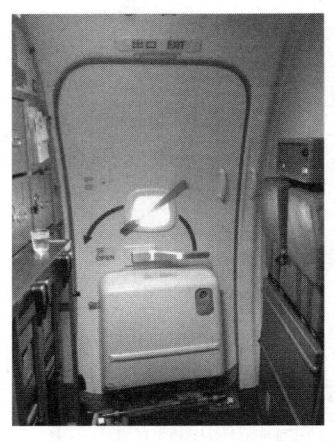

图 5-29　B737-800 飞机的舱门

观察窗用于乘务员观察飞机外部情况，在紧急情况下，乘务员通过观察窗观察外部状况，以判断是否开启舱门并指挥旅客撤离。红色警示带，又称滑梯预位警示带，用于向机舱内外的工作人员提示舱门滑梯的预位状态。当滑梯处于解除预位状态时，红色警示带平挂于观察窗之上；当滑梯处于预位状态时，红色警示带斜挂于观察窗。乘务员运用舱门操作手柄和辅助手柄，按照箭头指示方向，开启或关闭舱门。撤离滑梯储藏在滑梯储存舱内，乘务员在航前检查时，需要确认滑梯充气压力表指针指在绿色区域，这表示该滑梯充气瓶压力正常，否则飞机处于非适航状态。当滑梯处于解除预位状态时，滑梯固定连杆（戈特棒）挂在贮藏钩上；当滑梯处于预位状态时，滑梯固定连杆（戈特棒）连接在地板支架上。阵风锁位于舱门和机体的连接臂上，对完全开启的舱门起到阵风锁定的作用。警示带储藏在舱门门框内，为黄色，舱门打开后应及时挂好警示带，起到警示作用，防止机上人员摔落飞机。

（2）舱门操作。B737-800 飞机的舱门可从飞机内、外部开启或关闭。通常情况下，从飞机内部开启或关闭舱门的操作者均为乘务员，紧急情况下乘务员失能时，舱门操作者可由援助者接替。从飞机外部开启或关闭舱门，一般由机场地面工作人员操作。在国内机场，当飞机连接好廊桥或客梯车后，地面工作人员会通过观察窗给予乘务员可以开启舱门的手势，再由乘务员从内部操作开启舱门。作为乘务员，正确操作舱门及管理舱门是飞行工作中的重要组成部分。各操作流程如下。

正常操作（内部）开启流程：

① 确认滑梯解除预位。将戈特棒从地板支架上取出，挂在贮藏钩上，红色警示带复位，横挂于观察窗之上且扣好。

② 按箭头指示方向旋转舱门操作手柄。

③ 握紧辅助手柄，将舱门推至全开位。

④ 确认阵风锁锁定。

⑤ 如有需要，及时挂好黄色警示带。

正常操作（内部）关闭流程：

① 确认黄色警示带复位，防止关闭舱门后夹带黄色警示带。

② 解除阵风锁。

③ 握紧辅助手柄，拉回舱门。

④ 逆箭头方向旋转舱门操作手柄至水平位。

⑤ 确认舱门密封良好，无夹带杂物。

⑥ 操作滑梯预位，将红色警示带斜挂于观察窗并扣好（提示位），将戈特棒从贮藏钩上取下，固定在地板支架内。

应急操作（内部）开启流程：

① 飞机完全停稳、机长发布撤离指令后，通过观察窗观察飞机外部情况，确认无烟、无火、无障碍物，出口可用。

② 确认滑梯预位。

③ 按箭头指示方向旋转舱门操作手柄，开启舱门至阵风锁锁定。

④ 握紧辅助手柄。

⑤ 拉动红色人工充气手柄（防止滑梯充气不足）。

⑥ 封门。

⑦ 待滑梯充气完成后，立于辅助空间，指挥旅客撤离。

2. 翼上应急出口结构及管理

（1）翼上应急出口结构及管理。B737-800 飞机共有 4 个翼上应急出口（见图 5-30），即非地板高度出口，仅限于紧急情况下开启使用。B737-800 飞机的翼上应急出口并未配备撤离滑梯，但在靠近尾翼的 2 个出口处配有撤离绳，旅客可借助撤离绳从机翼滑下进行撤离。翼上应急出口由出口标识、红色内部开启手柄、观察窗、关门辅助带构成。红色内部开启手柄外设有透明塑料保护盖板，防止旅客误开。

图 5-30　B737-800 飞机的翼上应急出口

日常飞行中，乘务员对应急出口的管理尤为重要。在每个航段起飞之前的迎客阶段，必须安排专门的乘务员在应急出口处对其进行管理。每个翼上应急出口座位前的座椅口袋内应备有"应急出口旅客须知"，在翼上应急出口座位就座的旅客也应符合相应要求，具备在紧急情况下协助乘务员指挥旅客撤离的能力。《中华人民共和国民用航空法》规定，飞机起飞、下降时，坐于翼上应急出口座位的旅客的手提/随身行李应符合行李放置限制要求，将行李放置于行李架内，小件物品放入前排座椅背后的口袋内，不得怀抱、背挎行李或将行李置于座椅或前排座椅的下方。航空公司地面工作人员应尽量安排民航内部人员、国家公务员、非执行押解任务的军警人员或其他公差人员在应急出口座位就座。责任乘务员应向应急出口旅客介绍并评估旅客是否符合管理规定，对不符合要求或提出需要调换座位者进行调整，要求应急出口座位旅客阅读"应急出口旅客须知"并确认其理解相关内容。在机舱门关闭前，责任乘务员应将应急出口座位安排的确认情况向乘务长汇报。在机舱门未关闭且机组人员无法协调的情况下，地面值机主任将负责协调解决由于应急出口的安排而引起的争议。在整个航班运行过程中，乘务员应确保坐于应急出口座位的旅客在飞行全程中符合管理规定并保持一致，如发现有旅客私自更换应急出口座位，需向旅客重新介绍并做评估。

（2）翼上应急出口操作。B737-800 飞机的 4 个翼上应急出口操作方法相同，当拉动翼上应急出口红色开启手柄时，舱门会自动向外、向上弹出。具体操作如下：

① 飞机完全停稳后。
② 确认出口无烟、无火、无障碍。
③ 打开透明保护盖，拉动红色开启手柄。
④ 舱门自动向外、向上弹出。
⑤ 拉出应急出口框内的撤离绳。
⑥ 连接到机翼表面的固定结构。

（二）救生筏（Life Raft）

救生筏包括圆形救生筏和滑梯救生筏。B737-800 飞机的撤离滑梯在水上撤离时只能作为漂浮物使用，不可以当作救生筏使用。圆形救生筏也叫圆形救生船，一般飞行时不带上飞机，在执行延伸跨水航线时，由机务装上飞机。圆形救生筏为两面可用，航空公司通常在 B737-800 飞机上选择可载 46～49 人的圆形救生筏，每个救生筏的载量不得超过最大载量的限制，每只筏重 46.7 千克，充气时间 30 秒。圆形救生筏配有辅助设备（见表 5-3），供机组和旅客撤离后救生使用。

表 5-3　圆形救生筏辅助设备

设备中文名称	设备英文名称	用途
救生筏说明书	Life Raft Manual	存放于滑梯救生筏前端右侧或圆形救生筏救生包内
刀具/漂浮刀	Knife/Floating Knife	用于水上迫降时割断系留绳使筏与飞机脱离，存放于系留绳旁
登筏处	Boarding Stirrup	含登筏软梯和登筏手柄，是供落水者上筏的软梯
指示灯	Indicator Light	用于指示登筏区域
救生环	Heaving Ring	用于援救落水者并将各救生筏连接在一起
救生索	Life Line	位于救生筏外部的绳索，供落水者漂浮时攀牵用
海锚	Sea Anchor	用于减少救生筏的漂流与飘荡
发射器固定点	Beacon Attachment Point	用于固定应急定位发射器，防止其随波逐流，位于滑梯救生筏前端
定位灯	Locator Light	帮助营救人员在夜间或能见度很低的环境下识别救生筏，安装于登筏处附近
人工充气泵	Hand Pump	用于给救生筏气囊充气
救生包	Survival Kit	用于应急撤离后的生存，存放于筏内，筏充气后救生包可见
减压阀/调压管	Pressure Regulating Valve/Tube	用于调节滑梯救生筏压力
快速放气阀门	Rapid Vent Valve	用于快速释放救生筏内气体
气瓶连接管	Slide Gas Bottle Connector	用于连接救生筏内的二氧化碳气瓶
帐篷支撑棒	Canopy Support Tube	通过支撑棒使帐篷覆盖整个救生筏，位于救生筏两侧
内侧手柄	Inside Handle	用于筏内人员的固定
测试条	Test Strip	用于修补时对筏身材质、剪切力度的评估

其中，救生包为应急撤离后的生存提供帮助，存放在滑梯救生筏中，筏身充气后可见。不同型号的救生包配备物品大致相同，但数量有所变化，具体物品及说明如表 5-4 所示。

表 5-4　救生包配备物品

中文名称	英文名称	说明
救生手册	Survival Manual	塑料纸印制英文版，浸水后不易腐烂。包括搜寻与救援、生存检查单、建立避难所、医学救援、个人防护、信号、行进技巧、寻找食物、健康防护化学、紫外线防护等救生指南
救生筏说明书	Life Raft Manual	滑梯救生筏、圆形救生筏设备使用说明
氨吸入剂	Ammonia Inhalant	用于救醒昏迷者。使用时，直接由中间折断，放置于昏迷者鼻下

（续表）

中文名称	英文名称	说明
绷带	Bandage	用于包扎流血或擦伤的创面
纱布绷带	Gauze Bandage	用于包扎流血或擦伤的创面
敷料	Dressing	用于包扎流血或擦伤的创面
创可贴	Adhesive Strip	用于包扎流血或擦伤的创面
消毒棉	Antiseptic Swab	用于创伤部位的消毒
碘伏	Povidone-iodine (PVP-I)	用于创伤部位的消毒
胶布	Adhesive Tape	用于创面包扎
金属夹板	Wire Splint	用于固定伤肢，软金属材料，可裁剪
三角巾	Sterile Triangular Bandage	用于固定、包扎伤口
烧伤药膏	Burn Cream/Burn Ointment	用于烧伤、晒伤、灼伤
应急净化饮用水	Emergency Purified Drinking Water	注意保存，必要时使用
水净化药片	Water Purification Tablet	用于净化收集到的淡水，净化后的水应控制饮用
口哨	Whistle	用于召唤幸存者、其他救生筏或水上最近区域的船只
多用刀具	Utility Knife	用于维护设备或切割食物
剪刀	Forfex	用于剪割物品
水驱动手电筒/手电筒	Water Activated Flashlight/Flashlight	用于夜间照明，不使用时应妥善保管并注意防潮

第五章 设备安全管理

(续表)

中文名称	英文名称	说明
脱水海绵	Sponge Dehydrated	用于吸干救生筏上的积水
舀水袋	Bailing Bucket	用于舀尽救生筏上的积水，也可用于储存淡水
信号反射镜	Signal Mirror	用于发出求救信号，将太阳光反射到过往的飞机和船上，镜面反射光视程超过 37 千米/20 海里。反射镜可反复使用，连续使用时，让筏上的人员轮流使用
海水染色剂	Sea Dye Marker	用于定位及求救，昼间在较平静的水面，可将救生筏周围 300 米的水面染成荧光绿色，持续时间为 3 小时
修补包	Repair Kit	用来修补救生筏的破损面
目视信号装置	Flare	用于应急撤离后发射求援信号。存放于每个救生包内，独立真空包装。平滑的一端用于昼间，可发射橘红色烟雾信号，晴朗、无风的天气其目视距离可达 13 千米，烟雾持续时间为 20 秒。有突出圆点的一端用于夜间，可喷射出明亮的红色火焰信号，晴空的夜晚其目视距离可达 6 千米，信号持续时间约 20 秒
帐篷与支撑杆	Canopy and Support Mast	用于防止日晒雨淋，收集可供饮用的雨水和露水，其颜色可作为求救信号

 拓展阅读

什么是延伸跨水飞行

延伸跨水飞行是指航空器距最近海岸线的水平距离超过 93 千米（约 50 海里）的跨水运行。执行延伸跨水飞行航线时，乘务员在起飞前的安全简介中应介绍救生衣、救生筏和其他漂浮装置的位置和使用方法。

（三）救生衣（Life Vest）

救生衣（见图 5-31）是跨水或延伸跨水飞行运行时的应急漂浮设备。每个旅客座椅下方均配有 1 件成人救生衣，还配有一定数量的儿童、婴儿救生衣，供旅客在水上迫降时使用。每个乘务员座椅下方配有机组救生衣。旅客的救生衣为黄色，机组救生衣为红色。每件救生衣上均有定位灯，成人、儿童救生衣上配有口哨。正常飞行时，严禁旅客打开并充气救生衣。

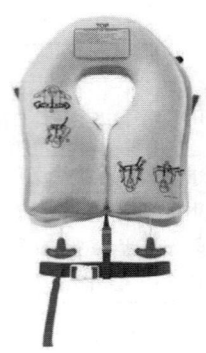

图 5-31　救生衣

（四）应急照明

1. 应急灯（Emergency Light）

应急灯仅限于紧急情况下使用，用于应急出口位置的指示，并提供飞机内、外部应急通道照明。内部应急灯包括舱门灯、过道灯、应急撤离指示灯、出口灯。B737-800 飞机的撤离路线指示系统为自发光式荧光条，为保证自发光式荧光条能够充分储能，在夜间飞行时，需要在起飞前将客舱的所有照明灯置于"高亮"位至少 15 分钟。荧光条在充分储能 15 分钟后，可以在黑暗中连续发光 6.5 小时；如果荧光条充分储能 30 分钟，则能够满足应急撤离通道整夜的工作需要。在飞机迫降前，乘务员需根据机长指令打开应急灯，B737-800 飞机的应急灯电门位于后舱乘务员控制面板。应急灯电门（见图 5-32）外有一个透明保护壳，以防乘务员在日常飞行中开启应急灯。应急灯电门是客舱内唯一可以操控驾驶舱的电门。

图 5-32　应急灯电门

2. 应急手电筒（Emergency Flashlight）

B737-800 飞机中每个乘务员座椅下的柜子中配有应急手电筒（见图 5-33），可在紧急情况下用于引导、发射信号、提供目视帮助等。将应急手电筒从储藏架上取下，手电筒自动发光，其电池寿命为 30~240 分钟，不能充电。航前检查时，电池指示灯 10 秒内闪烁一次为正常。在正常飞行中，严禁使用应急手电筒照明。

图 5-33　应急手电筒

（五）应急定位发射器（Emergency Locator Transmitter）

应急定位发射器简称 ELT，用于撤离后发射求救信号，分为自动型和救生型两种。自动型应急定位发射器安装在飞机后部天花板上方的机梁上，从飞机外部机尾附近可见发射器的天线，飞机遇险后会自动发射求救信号。救生型应急定位发射器又称便携式应急定位发射器，存放于客舱内，常用的有 RESCU 406S、RESCU 406SE、ADT 406S 等型号。应急定位发射器启动后，可以预设无线电紧急救生频率（121.5MHz、243MHz 和 406MHz）发射信号，为搜索和援救提供位置信息。

（六）扩音器（Megaphone）

扩音器（见图 5-34）用于特殊情况下联系和发送指令，如迫降后召集旅客、引起注意。扩音器的音量可调节。

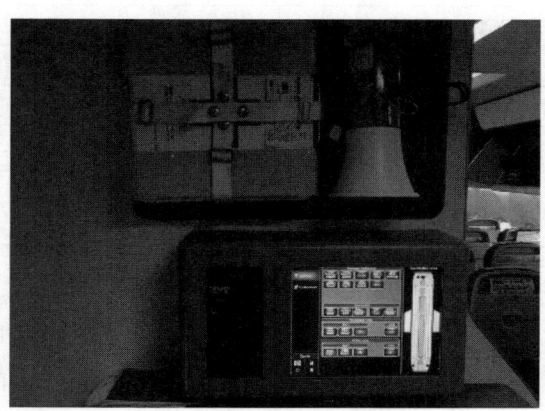

图 5-34　扩音器

五、应急医疗设备

应急医疗设备的管理机构为各航司的航卫部门，乘务长负责应急医疗设备在航班运行期间的管理和使用。根据民航局要求，航班上应配备急救箱、应急医疗箱、卫生防疫包、自动体外心脏除颤仪（只限极地航线）等应急医疗设备。如飞机上的应急医疗设备不符合最低要求及使用期限，应予以补充或更换后才能起飞。应急医疗设备应防尘、防潮，且避免高温或低温环境。

（一）急救箱（First Aid Kit）

急救箱用于对受伤旅客或者机组人员的止血、包扎、固定等应急处理，必须由经过急救训练的乘务员、在场的医务人员或经专门训练的人员打开使用，使用后，乘务长需填写《机上紧急事件报告单》，并按要求上报。急救箱外观有明确的文字标识，箱体把手为黑色。民航局相关规定要求：旅客座位数在100（含）个以下的飞机配备的急救箱数量不少于1个，每增加100个座位多配1个急救箱；急救箱应尽可能均匀地放在飞机上易于取用的位置；每个急救箱配备的医疗用品如表5-5所示。

急救箱

表5-5 急救箱配备用品

序号	项目	局方规定数量	用途
1	绷带，3列（5cm）、5列（3cm）	各5卷	各种伤口的包扎固定
2	敷料（纱布），10cm×10cm	10块	覆盖创伤面及其他损害
3	三角巾（带安全别针）	5条	固定、包扎伤口
4	动脉止血带	1条	适用于四肢大出血的止血
5	外用烧伤药膏	3支	用于烧、灼、烫伤的处置
6	手臂夹板	1副	固定手臂伤处
7	腿部夹板	1副	固定腿部伤处
8	胶布（宽度1cm、2cm）	各1卷	包扎、固定
9	医用剪刀	1把	急救时剪医用敷料，伤口处衣物
10	医用橡胶手套	2副	保护手部
11	皮肤消毒剂及消毒棉（创可擦）	适量	用于对创伤面的消毒
12	单向活瓣嘴对嘴复苏面罩	1个	实施胸外按压并进行人工呼吸时使用
13	急救箱手册（含物品清单）	1本	提示如何操作和使用急救箱
14	紧急医学事件报告单、知情同意书	1本（若干页）	机上急救记录

（二）应急医疗箱（Emergency Medical Kit）

应急医疗箱用于对意外受伤或有医学急症的旅客或者机组人员进行应急医疗处理。机上遇有急重伤病旅客时，乘务员广播寻找医生且确认医生身份后，向医生出示应急医疗箱内的物品名称及说明。特殊情况下，机长有权决定打开并取用应急医疗箱内的相关物品。使用后，乘务长需填写《机上紧急事件报告单》并按要求上报。应急医疗箱外部有明确的文字标识，箱体把手为红色。应急医疗箱内配备的用品，如表5-6所示。

表 5-6 应急医疗箱配备用品

序号	项目	局方规定数量	用途
1	血压计	1 个	测量血压
2	听诊器	1 副	听诊
3	口咽气道（7cm、8cm、10cm 三种规格）	各 1 个	限制舌后坠，保持气道畅通
4	静脉止血带	1 根	用于静脉出血时的止血
5	脐带夹	1 个	新生儿脐带处置
6	医用口罩	2 个	预防传染病上呼吸道感染
7	医用橡胶手套	2 副	保护手部
8	皮肤消毒剂、消毒棉（创可擦）	适量	用于对创伤面的消毒
9	电子体温计	1 支	测量体温
10	注射器（2ml、5ml）	各 2 支	注射使用
11	0.9%氯化钠注射液（250ml）	至少 250ml	清洗伤口创面或稀释注射用药品
12	盐酸肾上腺素注射液（1ml：1mg）	2 支	用于抢救过敏性休克、心脏骤停
13	盐酸苯海拉明注射液（1ml：20mg）	2 支	用于急性重症过敏反应
14	硝酸甘油片（0.5mg）	10 片	用于处置旅客突发心血管系统疾病
15	阿司匹林（醋酸基水杨酸）口服片	30 片	用于解热镇痛
16	应急医疗箱手册	1 本	提示如何操作和使用应急医疗箱
17	紧急医学事件报告单、知情同意书	1 本（若干页）	记录应急医疗箱使用情况

（三）卫生防疫包（Universal Precaution Kit）

卫生防疫包用于清除客舱内血液、尿液、呕吐物和排泄物等具有潜在传染性的物质，护理可疑传染病病人。卫生防疫包配备物品如表 5-7 所示。

表 5-7 卫生防疫包配备物品

序号	项目	局方规定数量	用途
1	液体、排泄物消毒凝固剂	100 克	消毒、杀菌，并有吸水和凝胶化作用
2	表面清理消毒片	1~3 克	消毒受过污染的物品表面
3	皮肤消毒擦拭纸巾	10 块	消毒手及皮肤表面
4	医用口罩和眼罩	各 1 个/副	预防保护传染病及上呼吸道感染
5	医用橡胶手套	2 副	保护手部
6	防渗透橡胶（塑料）围裙	1 条	保护前臂和躯体前面
7	大块吸水纸（毛）巾	2 块	擦拭消毒过的表面
8	便携拾物铲	1 套	清除凝化处理后的污染物
9	生物有害物专用垃圾袋	1 套	盛装污染物和接触过污染物的物品
10	卫生防疫包手册	1 本	提示如何操作和使用卫生防疫包
11	紧急医学事件报告单	1 本	记录防疫包使用情况

（四）ICAO 专用药箱（ICAO Medical Kit）

ICAO 专用药箱是依据《国际民用航空公约》的要求，执飞洲际航线的飞机所需增配的应急医疗箱补充药箱，用于对意外受伤或有医学急症的旅客或者机组人员进行应急医疗处理。其箱体有明确的文字标识，箱体把手为红色。ICAO 专用药箱配备物品如表 5-8 所示。

表 5-8 ICAO 专用药箱配备物品

序号	项目	ICAO 要求	用途
1	葡萄糖注射液	有	用于注射配药
2	氨甲苯酸	有	用于"产后出血"止血
3	缩宫素	有	用于"产后出血"止血
4	654-2 注射液	有	用于胃肠道、胆道、泌尿系统止痛等
5	地塞米松注射液	有	用于过敏性、自身免疫性、炎症性疾病
6	阿托品注射液	有	用于内脏绞痛等
7	呋塞米注射液	有	用于水肿性疾病、高血压等
8	沙丁胺醇气雾剂	有	用于哮喘
9	左氧氟沙星注射液	有	抗感染
10	曲马多片	有	用于中度或重度急性疼痛
11	普萘洛尔片	有	用于预防心梗、劳力性心绞痛、室性心律失常、高血压等
12	一次带针输液器	有	输液用
13	止血海绵	有	用于开放性伤口止血
14	导尿管	有	导尿用
15	急救气管导管	有	用于气管插管，开放呼吸道
16	中心静脉导管包	有	用于建立中心静脉输液通道
17	消毒擦巾	有	用于消毒
18	活瓣气囊面罩	有	实施胸外按压并进行人工呼吸时使用
19	胶带	有	包扎、固定
20	手电筒（含电池）	有	照明用
21	废针头盒	有	储存锋利医疗垃圾
22	基本生命维持卡	有	登记基本生命体征指标
23	眼罩	有	保护眼部
24	消毒棉签	有	用于对创伤面的消毒

本章小结

（1）客舱服务设备是指客舱中对旅客或机组成员进行服务的相关设施设备，通常分为客舱基础设备、客舱照明系统、客舱通信设备、厨房设备、盥洗室设备、污水处理系统六大类。

（2）客舱应急设备是指在紧急情况下，为了避灾、逃生、救护，供民航乘务员和旅客使用的设备的总称。

（3）根据客舱应急设备功能的不同，可将应急设备大致分为供氧设备、灭火设备、应急撤离设备、应急医疗设备等。

（4）机上供氧系统为机组及旅客提供的氧气仅用于应急用氧。

（5）应急撤离设备是在迫降时供机组和旅客迅速撤离飞机并避灾、求生的救生设备。

（6）应急医疗设备的管理机构为各航司的航卫部门，乘务长负责应急医疗设备在航班运行期间的管理和使用。

本章思考题

（1）列举客舱中5种服务设备的安全管理内容。

（2）客舱中供氧设备有哪些？简述其使用方法、注意事项及航前检查内容。

（3）客舱中灭火设备有哪些？简述其使用方法、注意事项及航前检查内容。

（4）客舱中应急撤离设备有哪些？

（5）客舱中应急医疗设备有哪些？

第六章 应急处置

本章导读

飞行安全是航空运输企业的根本，一旦出现突发事件，机组人员应当能够迅速响应，正确作出判断，按照处置原则和程序果断采取有效措施，将事件所造成的危害降到最低限度。民航运输生产单位必须建立健全突发事件预案、事故处理方案及应急救援计划等各项规章制度，并定期进行演练和评估。对于涉及重大安全事故，或有可能对国家利益和人民生命健康造成严重危害的突发公共安全事件，各航空公司应及时报告民航局主管部门，同时做好相关工作，确保事件在第一时间内得到有效处置。

学习目标

知识目标

（1）了解颠簸、客舱释压、机上失火和机组失能的类型；
（2）了解机上缺氧的症状；
（3）了解机上火灾的特点；
（4）了解机上防火的内容；
（5）掌握中度及以上颠簸、客舱释压、机上失火和机组失能的处置方法。

能力目标

提高学生应对机上突发事件的处置能力。

素养目标

提高学生对客舱乘务员职业的认知和对机上人员进行安全管理的能力。

学习重点与难点

重点：掌握突发应急事件的处置方法。
难点：灵活处置机上的应急突发事件。

第六章　应急处置

本章关键词

颠簸（Turbulence）　　　　释压（Depressurization）
失火（Catch Fire）　　　　失能（Disability）

互联网资料

民航资源网
中国民用航空局官网

飞行安全是航空运输企业首要考虑的问题，是航空运输企业运营的根本。由于航空运输的特殊性，任何不安全因素都可能导致影响飞行安全的事件发生。当机上出现起火、重度颠簸、释压等危及旅客和客舱安全的突发事件时，这很可能最终会导致一次应急撤离。客舱乘务员应作出正确判断，快速有效地采取措施，最大程度确保旅客及客舱安全。

应急事件，从客观上可理解为，事件是突然发生的；从主观上可理解为，事件是需要紧急处理的。应急处置，是指对突发险情、事故、事件等采取紧急措施或行动，进行应对处置。

第一节　颠簸处置

一、颠簸概述

飞机飞入扰动气流区，方向不定、强弱不一的紊流作用于飞机，造成飞机飞行姿态不规则变化，因此出现的忽上忽下、左右摇晃及机身振颤等现象，称为颠簸，如图 6-1 所示。当飞机遭遇颠簸或预计将进入颠簸区飞行，"系好安全带"提示灯亮时，乘务组应执行颠簸处置程序。

图 6-1　颠簸

二、颠簸的种类

颠簸分为可预知颠簸和突发性颠簸。颠簸按程度还可分为轻度颠簸、中度颠簸和重度颠簸。

1. 轻度颠簸

飞机轻微、快速而且有节奏地上下起伏，但没有明显感觉到其高度和姿态的变化，或飞机有轻微、不规则的高度和姿态变化。此时，饮料在杯中晃动但未溢出。客舱乘务员安全带稍微有被拉紧的感觉，餐车移动时不困难。

轻度颠簸处置：客舱乘务员进行广播提醒；检查旅客已入座并系好安全带，抱出机上摇篮中的婴儿。轻度颠簸时客舱乘务员可继续服务，需注意提供热饮时倒五分满。

2. 中度颠簸

飞机快速地上下起伏或摇动，但没有明显感觉到飞机高度和姿态的改变，通常这种情况会引起空速波动。此时，饮料从杯中溢出，客舱乘务员感觉安全带被拉紧，行走困难，没有支撑物较难站起，餐车移动困难。

中度颠簸处置：客舱乘务员进行广播提醒；视情况检查旅客已入座并系好安全带，乘务员回座位坐好，系好安全带和肩带。中度颠簸需暂停客舱服务，收回餐车，固定好厨房设备。

3. 重度颠簸

飞机高度或姿态有很大并且急剧的改变，通常空速会有很大波动，飞机可能会短时间失控。机上物品摔落或被抛起，未固定物品摇摆剧烈。客舱乘务员有被安全带猛烈拉紧的感觉，无法在客舱中服务、行走。

重度颠簸处置：客舱乘务员进行广播提醒，增加内容和次数；在客舱里的乘务员要立即停止客舱服务，原地踩刹车，抓住餐车，马上找就近座位坐下并系好安全带。

三、颠簸处置程序

（一）预知性颠簸处置程序

（1）航前准备会上飞行机组应告知客舱乘务员所有颠簸的信息。

（2）飞行中主任乘务长/乘务长如接获飞行机组预知性颠簸的等级和准备时间，应及时通报客舱乘务员。

（3）当"系好安全带"提示灯亮时，客舱乘务员应完成以下工作。

① 立即停止客舱服务，迅速就座并扣好、系紧安全带和肩带。

② 确认旅客入座并扣好、系紧安全带，手提行李已妥善固定。

③ 机组广播通知旅客系好安全带（视情况增加广播内容），洗手间暂停使用，暂缓服务受理及其原因。

④ 客舱乘务员应视准备时间完成以下工作：贮藏并固定大件物品，如餐车；贮藏热饮；固定客舱、厨房松散物品；检查客舱情况，确认洗手间无人并锁闭；客舱乘务员应做好自身保护及固定。

（4）客舱乘务员应要求婴儿的成年监护人抱出摇篮中的婴儿并固定。

（5）发生可预知的严重颠簸时，乘务组应及时使用内话通知休息室的其他机组成员。

（二）突发性颠簸处置程序

（1）飞行机组接通"系好安全带"提示灯并广播通知客舱。

（2）乘务组进行颠簸广播，视情况增加广播内容和次数。

（3）乘务组应立即停止一切服务。

（4）突发严重颠簸时，客舱乘务员应立即就近入座，或抓住附近的飞机结构；客舱中的乘务员原地固定餐车，将热饮放在餐车内或地板上，抓住客舱中的餐车；旅客呼叫暂缓受理，直到"系好安全带"提示灯熄灭或接到颠簸解除的通知。

（三）颠簸后处置程序

（1）"系好安全带"提示灯熄灭后或接到颠簸解除的通知，客舱乘务员立即进行客舱巡视，受理旅客呼叫。

（2）颠簸导致人员受伤的处置。

① 区域乘务员应检查机上乘员的受伤情况，以及客舱结构和设备的受损情况，稳定旅客情绪，控制客舱局面，并报告主任乘务长/乘务长。主任乘务长/乘务长报告机长，并视情况广播安抚旅客。

② 如机上乘员受伤，乘务组按照"机上救护"处置原则进行处置，负责《乘务日志》的录入和数据上传，完成《机上事件报告单》的填写。当机组成员受伤失能，按照"机组成员能力丧失"完成指挥权接替。

（四）预防因空中颠簸造成人员伤害的措施

餐车在使用时保持始终有人监管；每次服务结束后立即将餐车及服务设施及时归位并固定；固定客舱、厨房、卫生间服务用品；起飞后广播告知旅客在飞行全程中系好安全带；因驾驶舱和客舱对颠簸的感觉程度不同，应保持机组之间的充分沟通。

客舱乘务员应具备评估颠簸程度的能力，在不安全的情况下即使未得到任何指示，也应遵循相应的程序，并能够及时指导旅客系好安全带。

第二节 释压处置

 思政荐读

2018年5月14日，川航3U8633航班在执行重庆至拉萨的飞行任务中，驾驶舱右风挡玻璃破裂脱落，在9800米的高空，驾驶舱瞬间暴露在零下40℃的低温和缺氧环境中，客舱所有氧气面罩脱落。机组临危不乱，机长凭着过硬的专业技术和坚强的意志力，在乘务组的默契配合下，驾驶飞机安全迫降在成都双流国际机场，成功处置了世界级航空险情。

一、释压的定义

释压是指飞机从增压状态到与外界气压值相同的气压变化过程。大多数的现代飞机飞行于不适合人类生存的高度上，在这样的高度上，没有足够的氧气供人呼吸，所以客舱都必须增压。如果机体破损或是增压系统故障，客舱压力就无法保持，就会发生释压。

二、缺氧反应和有效知觉时间

在飞机上，人们的缺氧反应和有效知觉时间如表 6-1 所示。

表 6-1 缺氧反应和有效知觉时间

高度	症状
3000 米（约 10 000 英尺）	头痛、非常疲劳
4200 米（约 14 000 英尺）	头痛、发困、视力减弱、指甲发紫、肌肉相互不协调、晕厥
5500 米（约 18 000 英尺）	记忆力减退，重复同一动作
6000 米（约 20 000 英尺）	惊厥、虚脱、昏迷、休克，有效知觉时间 5~10 分钟
7600 米（约 25 000 英尺）	昏迷和虚脱，有效知觉时间 3~5 分钟
9000 米（约 30 000 英尺）	有效知觉时间 1~2 分钟
10 000 米（约 35 000 英尺）	有效知觉时间 30 秒
12 000 米（约 40 000 英尺）	有效知觉时间 15 秒

三、释压的处置原则

（1）当客舱处于释压状态时，任何人不得在客舱中走动。

（2）在机长宣布"到达安全高度"前，所有人员必须保持用氧。

（3）供氧期间，严禁吸烟，灭火设备应处于待用状态，防止意外明火引发火警。

（4）客舱释压时，客舱乘务员应重点观察飞机结构是否损坏，主任乘务长/乘务长应准确回答机长的内话问询，为机长确定飞机下降率提供依据。

（5）飞机到达安全高度后，机长广播/内话通知客舱："飞机到达安全高度。"客舱乘务员应完成自身评估后巡视客舱，确认是否有旅客或机组成员受伤，使用便携式氧气瓶为需要继续用氧的旅客供氧。

（6）有知觉的旅客吸氧采取直坐式；没有知觉的旅客吸氧采取仰靠位。

（7）主任乘务长/乘务长应将旅客和客舱情况及时报告机长。

四、释压的分类及处置

（一）快速释压（爆炸性释压）

快速释压指迅速失去客舱压力，通常在 1 分钟内发生。它可能是因为金属疲劳、炸弹爆炸或武器射击而引起的密封破裂。在极端情况下，飞机上的释压过程可能是在 5 秒钟内发生，则可称之为爆炸性释压。

释压的处置

1. 快速释压的征兆

（1）巨大声响，飞机结构突然损坏，并出现强烈震动；
（2）出现气流声、薄雾或水汽凝结；
（3）人会感到头痛、耳膜压痛、呼吸困难；
（4）可能产生灰尘；
（5）物体或人飞向破损处；
（6）氧气面罩自动脱落（见图6-2），飞机大角度地紧急下降；
（7）"系好安全带""禁止吸烟"提示灯亮，紧急用氧广播启动；
（8）冷空气涌入客舱，温度下降。

图6-2　客舱释压氧气面罩自动脱落

2. 快速释压处置程序

（1）戴上邻近的氧气面罩；
（2）停止服务工作，迅速蹲下或坐下，把自己固定好，如没有有效的空座，应坐于地板上，抓住就近的飞机结构；
（3）指令旅客"拉下面罩，系好安全带"；
（4）观察周围情况，帮助指导旅客用氧；
（5）等待机长指令。

3. 飞机到达安全高度后

（1）客舱乘务员应首先考虑自己是否还需用氧，再携带手提式氧气瓶在客舱巡视；
（2）对失去知觉的旅客和儿童进行急救护理，然后照顾其他受伤的旅客或机组人员；
（3）检查客舱和洗手间有无需要继续用氧的旅客，为缺氧旅客提供便携式氧气瓶供氧；
（4）检查客舱破损情况，如机身破损，应重新调整旅客座位，离开危险区域，同时报告主任乘务长/乘务长、机长；
（5）检查客舱有无烟火，必要时实施灭火程序；
（6）帮助旅客消除疑虑；
（7）提醒旅客不要将氧气面罩重新放回旅客服务单元内，氧气发生器作用时会产生高热，如放回旅客服务单元易被烫伤，应放于座椅前面的口袋内。

（二）缓慢释压

缓慢释压指的是逐渐失去客舱压力，它可能是因机门或应急窗的密封泄漏，或因增压系统发生故障而引起的。

1. 缓慢释压的征兆

（1）失密处有漏气的尖响声；

（2）耳部不适；

（3）轻细物体被吸向破损处；

（4）失密破损处有外部的光线射入；

（5）座舱高度为4200米（约14 000英尺）时，氧气面罩自动脱落；

（6）"系好安全带""禁止吸烟"提示灯亮。

乘务员必须意识到，并不是所有的警告信号都会出现，其中的某个警告信号一出现，就可以判断为释压，比如氧气面罩脱落。

如果飞行机组通过仪表首先发现客舱释压，成功处置的关键就在于，乘务组在得到释压信息后、飞机开始快速下降前，能够迅速固定客舱所有浮动物品、做好自身及旅客的安全确认、确保自身及所有旅客系好安全带并且正确有效吸氧。

如果乘务员首先发现缓慢释压的征兆，成功处置的关键在于，乘务组尽快将释压信息传递给驾驶舱，帮助驾驶舱争取更多时间，从而在12分钟内将飞机下降至安全高度，同时还要预防乘务组和旅客在快速下降中的安全风险。

2. 缓慢释压处置程序

如出现缓慢释压，但氧气面罩未脱落时，乘务员应：

（1）迅速就近入座，系紧安全带，如没有有效的空座，应坐于地板上，抓住就近的飞机结构；

（2）广播通知旅客坐于原位，系紧安全带，停止使用洗手间；

（3）广播指导旅客用捏鼻鼓气法（瓦尔萨尔瓦氏手法）、张嘴做吞咽动作、运动下颌缓解压耳症状；

（4）如客舱内的氧气面罩已脱落，按快速释压处置程序执行。

3. 高高原运行客舱释压处置

听到机长宣布"到达安全高度"后，乘务员应首先考虑自己是否还需用氧，再携带便携式氧气瓶对客舱进行检查，除落实上述快速释压处置程序外，还应：

（1）协助机组、旅客做好保暖防冻工作；

（2）除必要的检查、急救、调整座位等工作外，尽量减少活动，尽可能回到座位坐好，系紧安全带。

第三节 机上失火

发生机上失火，对飞机的危害主要是可能烧毁飞机的系统，使得飞机关键操作系统失灵、失压、爆炸、解体等，机上失火的致命之处在于会引发人员恐慌，导致飞机失去配载平衡坠毁。

一、火灾的类型与设备选择

（一）火的基本常识

1. 火

火是一种发光发热的化学反应，温度很高，是能量释放的一种方式。火失控时，常常被称作失火或火灾，危害非常大，其中对人体的危害有缺氧、粉尘、高温和毒性四个方面。

2. 燃烧

可燃物、助燃物和着火源是燃烧的三个要素。凡是能与空气中的氧或其他氧化剂起燃烧化学反应的物质都被称为可燃物，按其物理状态分为气体可燃物、液体可燃物和固体可燃物三种类别。助燃物是指能与可燃物发生燃烧反应的物质。而物质的燃烧需要一定的燃烧条件，即可燃物、温度和氧气，这三个条件中缺少任何一个，燃烧都不会发生和维持。在机上灭火处置中，从三个燃烧条件入手，阻断任何一个条件均可扑灭火灾。

3. 烟雾

物质燃烧后会产生烟雾，由于飞机内部由人造化工原料制成，在热源导入、熏烧的情况下可产生大量的毒烟，并会遇热上升，因此机上烟雾中含有大量有毒化学成分，如一氧化碳、氢氰酸、氯化氢和丙烯醛等。烟雾具有快速扩散的能力，其有毒化学成分能够迅速破坏人体的判断力与表现力，并且能在较短的时间内导致人类死亡。

（二）火灾的类型及设备选择

1. 根据可燃物性质的不同，我们通常将机上火灾分为四类。

A 类，纸布类：由易燃物，如纸张、木材、纤维、橡胶、某些塑料等燃烧引起。该类火灾引起的烟雾通常呈灰色或褐色，且烟雾较浓重。

B 类，油气类：由易燃液体或油脂，如汽油、滑油、油脂溶剂、油漆及燃烧的烹调食物油脂等燃烧引起。该类火灾引起的烟雾通常是黑色的，非常浓重，同时具有汽油、润滑油气味。

C 类，电器类：由电器设备，如电器短路、电器设备漏电，或马达、电门、厨房设备等引起。该类火灾引起的烟雾通常呈淡灰色或微蓝色，非常细微，可迅速散开，具有明显的酸性气味。

D 类，锂电池类：由充电宝、手机、平板/笔记本电脑等电子设备的电池燃烧引起。该类火灾发生时会释放有毒气体，并可能引起爆炸。

2. 灭火设备选择

通常机上配备有海伦灭火瓶、水灭火瓶、防烟面罩等灭火设备，根据机型不同所配备灭火设备的数量有所不同。在处置机上失火时，灭火瓶的错误选择和使用对灭火将有害无益。海伦灭火瓶可适用于 A，B，C 三类火灾，但用于 A 类火灾时，其效用明显低于水灭火瓶；水灭火瓶用于B类火灾将导致助燃，而用于C类火灾将引起严重的电击甚至致命，因此，在处置C类火灾时应先切断相应电源。当不能确定火灾类别时，应首选海伦灭火瓶。火灾分类与对应灭火设备选择指南如表6-2所示。

表6-2　火灾分类与对应灭火设备选择指南

常见类型	火灾概述	设备选择
A类	由易燃物，如纸张、木材、纤维、橡胶、某些塑料等燃烧引起	水灭火瓶
B类	由易燃液体或油脂，如汽油、滑油、油脂溶剂、油漆及燃烧的烹调食物油脂等引起	海伦灭火瓶
C类	由电器设备短路、漏电，或马达、电门、厨房设备等引起	
D类	由充电宝、手机、平板/笔记本电脑等设备的电池燃烧引起	海伦灭火瓶或水灭火瓶

注意：D类火灾被扑灭后，应立即向锂电池浇水或含水的液体，因为只有水或含水的液体才能足够冷却锂电池或锂电池组里的其他锂电池，并防止其复燃。

二、机上防火

（一）主要隐患

容易导致机上失火/烟雾的主要隐患有：电器设备故障、烤炉内有异物或加热时间过长、旅客吸烟、旅客携带易燃物品、厕所内抽水马达故障、吸烟、机内货舱装有易燃的货物。机上电器设备发生故障时所产生的烟雾，通常可以直接观察到。但有时可能看不到烟雾，只能闻到特殊气味，乘务员对此应该同样警觉，努力找到气味最浓的地方，以便确定气味源或烟雾源的准确位置。

（二）客舱防火

当失火发生在货舱或设备舱时，身在客舱的乘务员是无法处置的，因此在执行航班任务时，客舱乘务员应对客舱防火展开必要的工作。

飞行前，客舱乘务员应根据承运人配备的《客舱设备检查单》完成对灭火设备的检查，确保这些设备的数量、存放位置正确，且符合使用要求；完成对洗手间内的烟雾探测器、自动灭火装置、垃圾箱和盖板的检查，确保其符合使用要求；检查厨房里的断电装置，熟悉其控制的范围和操作方法。

飞行中客舱乘务员应加强巡视，监控客舱和盥洗室，排查失火隐患，建议客舱巡视间隔不少于30分钟一次，盥洗室检查不少于每3人一次。在客舱巡视时，应对盥洗室内的防火装置进行正常检查，如果盥洗室垃圾箱中废纸过满，应将部分废纸转移到其他的垃圾箱里。密切注意客舱情况，及时回应旅客的呼叫，如发现旅客携带易燃易爆物品，如火柴、打火机、酒精、汽油、烟火等，应立即向机长报告，并对物品进行妥善监管。严格执行禁烟规定，客舱乘务员应按要求广播告知旅客，如发现旅客在机上吸烟，客舱乘务员应立即制止并将烟蒂熄灭。检查旅客吸烟的区域，确保没有失火隐患，同时报告乘务长。客舱乘务员应按规范使用厨房电器设备,防止不正当操作导致跳开关弹出。使用烤箱前应检查其通风情况及烤箱内的物品,确保烤箱工作时不会引起其他危险情况。

(三)客舱防烟

客舱内部由人造化工原料制成,在热源导入时可产生毒烟,并遇热上升,这种情况下,毒烟会聚集在天花板附近,而可呼吸的气体在地板高度。机上较容易出现烟雾的地方是洗手间、厨房及客舱壁板处,乘务员在执行航班飞行任务时应多注意观察这些地方。

根据烟雾产生的原因,客舱乘务员在机上发现烟雾时应当按照失火进行处置。发现烟雾时应立即报告乘务长、机长。调整旅客座位,控制客舱秩序,同时广播通知旅客,向旅客说明情况。乘务员应尽快找出火源,控制烟雾,在浓烟产生之前实施灭火程序,控制火势。如烟雾无法控制,乘务组按机长指令完成紧急迫降客舱准备程序。

三、机上灭火程序

在执行任何灭火程序时都应组成三人灭火小组,一人负责灭火,一人负责援助,一人负责通信联络。

(一)一般灭火程序

(1)第一个发现火源/烟雾的客舱乘务员使用紧急联络方式通知其他乘务员,组成三人灭火小组,接近火源/烟雾,确定其性质。

(2)报告机长。

(3)选择适用的灭火瓶进行灭火。灭火者应做好自我防护,戴上防护式呼吸装置或打湿毛巾、衣物等捂住口鼻。

(4)集中机上可用灭火设备至失火区域。

(5)转移火源区域的助燃设备或物品。

(6)广播安抚旅客,说明情况,要求旅客听从机组的指挥。

(7)维持客舱秩序,避免人员大量移动。

(8)调整火源区域旅客座位,随时提醒就座旅客系好安全带,并及时将旅客座位调整情况向飞行机组报告。满客情况时,根据飞行机组指令,在满足配载平衡要求的情况下转移旅客至相应区域。

(9)向旅客发布必要的安全提示,对防护方法进行指导,如穿上长袖衣服等,并提供适当的防护用品。烟雾较大时提醒旅客保持低姿态,分发湿毛巾,或提示旅客将衣服或座椅头片浸湿拧干后掩住口鼻。

(10)灭火结束后,检查失火区域,确认火势完全被扑灭,防止"死灰复燃"。

(11)区域乘务员将客舱结构和设备的受损、使用情况,以及机上乘员受伤情况报告乘务长,乘务长报告机长。

(12)如火情无法控制,乘务组按机长指令完成紧急迫降客舱准备程序。

（二）灭火小组分工

1. 灭火者的职责

首先发现火情/烟雾的乘务员应该承担灭火者的工作：启动灭火程序，判断火情性质；采取就近原则呼叫附近的客舱乘务员立即组成三人灭火小组，指定通信员、援助者；选择适用的灭火瓶或其他可利用的灭火资源实施灭火。

2. 援助者的职责

收集和传递适用的灭火瓶及防烟面罩，支援、协助或接替灭火者实施灭火；维持客舱秩序；负责监控所使用的灭火设备的使用时间和数量；负责检视余火，保证其无复燃的可能。

3. 通信联络者的职责

负责传递信息，将火情传递给其他乘务员，通知乘务长，通过内话系统向机长报告火情，注意"语言简练、信息清晰"，报告内容包括火源、火势、烟的浓度/颜色/气味、对旅客和飞机的影响、采取的行动；协助调整火源区域旅客座位，维持客舱秩序，做好旅客防护，如有浓烟，要求旅客低头，俯身，分发湿毛巾或利用网状物品捂住口鼻，安抚旅客情绪；协助收集传递适用的灭火资源，监控灭火设备使用时间和数量；再次确认火警解除，并监控有无复燃迹象。

（三）灭火注意事项

客舱乘务员在实施灭火的过程中应注意：保持驾驶舱门关闭，但应保持与驾驶舱的联系；移开火源区的易燃物，如氧气瓶等，不要放出氧气面罩；灭火时应将喷口对准火源的底部，由远至近，由外向内，平行移动式灭火；控制火情，当客舱有烟雾时，应加大通风，尽量避免吸入水汽、难闻的气体和热烟；如火情发生在前舱，打湿毛毯并封堵驾驶舱门；火情解除或无法控制均应报告机长；如有需要，做好撤离的准备，撤离时如火势无法控制，且通往出口的通道被烟火封阻，立即沿其他灯光方向（应急撤离指示灯、过道灯、应急出口灯、舱门灯）或朝明亮处撤离飞机。

四、区域灭火处置

由于客舱各区域火情特点不同，灭火处置中存在不同的特殊要求，在发生机上失火后，客舱乘务员应结合各区域失火处置要求，协作配合完成灭火程序。

（一）驾驶舱失火

当驾驶舱失火时，客舱乘务员禁止进入驾驶舱；在驾驶舱门前待命，传递备份海伦灭火瓶和防护式呼吸装置；控制烟雾，避免扩散至客舱，避免引起旅客恐慌；如有需要，向旅客发布必要的安全提示。

（二）盥洗室失火

盥洗室失火/烟雾在机上火灾中占较大比例，约45%的火灾都发生在盥洗室。据调查，导致盥洗室失火的原因有旅客吸烟、未熄灭的烟头被投入垃圾箱中，由于垃圾箱放置不当，纸巾被扔在垃圾箱附近加热管道上，以及电器故障。

如果烟雾探测器报警，表明盥洗室发生烟雾或失火，应首先检查卫生间内是否有人，再用手背感觉门的温度。

1. 盥洗室内有人

如果是旅客吸烟造成烟雾探测器报警，应要求旅客立即熄灭香烟，开门将烟雾从卫生间内排出，并复位烟雾探测器。乘务员应向吸烟者明确地指出其行为不当，通知乘务长、机长，作出相应的处置程序。

盥洗室失火
（门是凉的）

2. 如果门是凉的

取出就近的灭火瓶，最好是海伦灭火瓶；小心打开盥洗室门，寻找火源；如果仅发现垃圾箱失火，用水浇湿垃圾箱或使用浸湿的毛毯压住火焰；如果电器失火，使用海伦灭火瓶灭火；通知机长并锁住该盥洗室，派专人监控盥洗室区域。

3. 如果门是热的

（1）通知机长切断该盥洗室电源，当烟雾从门四周溢出时，应用湿毛毯堵住；

（2）穿戴好防护式呼吸装置，取出海伦灭火瓶和斧头，低身蹲下，利用门板做保护，将门打开小缝或用斧头在门的上方凿个洞，将海伦灭火剂从门缝或洞口喷入；

（3）关闭盥洗室门或封住洞口，重复上述灭火步骤，直至火被扑灭；

（4）余火灭尽后，小心打开盥洗室门检查失火位置，用湿毛毯盖住失火区域，防止复燃；通知机长并锁住该盥洗室，派专人监控盥洗室区域。

（三）厨房失火

1. 烤箱失火

烤箱失火/冒烟一般是由油脂着火或电器故障引起的。电器故障引起的失火/冒烟具有特殊的酸性气味，油脂燃烧则伴有食品烧焦的味道。观察到烤箱冒烟时，应按烤箱失火处置。

拔出相应烤箱的跳开关。寻找火源，确定其性质，报告机长。立即通知其他乘务员，组成灭火小组。保持烤箱关闭，隔绝和消耗氧气以便窒息火焰。若火焰延伸至烤箱外部，则灭火者应先在烤箱外四周释放灭火剂，扑灭烤箱外部火焰；而后援助者戴上防烟面罩和隔热手套，在灭火者的指令下负责打开烤箱门，门缝大小以适合灭火剂喷入为宜，并在灭火者完成灭火剂的喷射后快速关门直至烤箱内的火被窒息。保持镇定，调整火源区的旅客座位，如有需要，向旅客发布必要的安全提示。灭火后，小心打开烤箱检查，防止复燃。该烤箱不得继续使用。

2. 烧水杯失火

当客舱乘务员发现烧水杯失火/冒烟时，应立即拔出烧水杯的跳开关，报告机长；通知其他乘务员，组成灭火小组；戴上隔热手套，拔下烧水杯；如火情未解除，使用海伦灭火瓶进行灭火；不得将冷水倒入过热的水杯内；该烧水杯不得继续使用。

3. 其他电器失火

拔出相应的跳开关，报告机长；立即通知其他乘务员，组成灭火小组；使用海伦灭火瓶进行灭火；保持镇定，调整火源区的旅客座位，如有需要，向旅客发布必要的安全提示；该电器不得继续使用。

4. 垃圾箱失火

报告机长；立即通知其他乘务员，组成灭火小组；保持垃圾箱盖板关闭，隔绝和消耗氧气以便窒息火焰；选择适用的灭火瓶或其他可利用的灭火资源灭火；保持镇定，调整火源区的旅客座位，如有需要，向旅客发布必要的安全提示；火警解除后，清空垃圾箱，确保余火已彻底熄灭。

（四）衣帽间失火

根据机型设备选配不同，衣帽间分为有帘子的衣帽间和有门的衣帽间。

有帘子的衣帽间失火时，应立即取用灭火瓶实施灭火；搬开未烧着的衣物和其他物品；检查火是否被扑灭；检视衣帽间的物品，保证余火灭尽。

有门的衣帽间失火/冒烟时，其处置程序同盥洗室失火。

（五）客舱区域失火

1. 客舱失火

寻找火源，确定其性质，报告机长；立即通知其他乘务员，组成灭火小组；选择适用的灭火瓶进行灭火，必要时戴上防护式呼吸装置；集中机上可用灭火设备至火警区域；保持镇定，调整火源区的旅客座位，向旅客发布必要的安全提示；确认火势已完全扑灭，以防"死灰复燃"；火警解除或火情无法控制均应报告机长；指令旅客穿上长袖衣服，如火已烧身用厚重的衣物压灭火苗。

2. 客舱壁板内失火

寻找火源，确定其性质，报告机长。立即通知其他乘务员，组成灭火小组。如机长指令将客舱壁板撬开，则应取出驾驶舱内的应急斧，准备好海伦灭火瓶，保持镇定，调整火源区的旅客座位。用手触摸壁板，使用应急斧在最热的区域凿开能插进海伦灭火瓶喷嘴的小洞，将灭火瓶喷嘴插入洞孔释放灭火剂，注意不要使用应急斧的刀刃砍断壁板，因为有可能割断主要的电路电线。通知其他乘务组成员，备份灭火设备。向旅客发布必要的安全提示。

3. 客舱座椅失火

首先发现失火的乘务员取就近的海伦灭火瓶实施灭火，如果离灭火瓶较远，不能快速取用灭火瓶，应就近寻找灭火瓶设备替代物，如饮料、毛毯、衣物等，限制火的蔓延，以争取时间。通知其他乘务员，组成灭火小组，报告机长。根据火势的大小调整旅客座位，至少离开火区四排座位，不可留在过道或乘务员工作区，以免干扰灭火。灭火后进行降温处理，防止复燃。充分检查失火区域的损毁情况，确认是否影响其他区域。将处理结果汇总，报告机长。填写《特殊情况报告单》《客舱设备记录本》，落地后与机务交接。

4. 行李架失火

如果发现行李架失火，客舱乘务员将旅客撤离出此区域，同时通知机长；用手背感觉行李架表面的温度，找出温度最高的区域，确定火源位置；将行李架打开一条小缝，仅够插进灭火器喷嘴即可；将灭火剂喷入行李架内，然后关闭行李架；重复上述灭火步骤，直至火被扑灭；派专人监控该行李架。

5. 荧光灯整流器失火

荧光灯整流器为上、下侧壁客舱灯提供电流，长时间使用后，整流器可能会过热，形成具有明显气味的烟雾。整流器失火短暂、可自我熄灭，相对而言危险性低，如整流器过热，则应立即通知机长，并关闭该区域客舱灯光。

五、锂电池火情处置

中国民用航空安全信息系统的数据显示，2015年以来，航空运输行李、货物中由锂电池引发的起火/冒烟事件多次发生。作为国际民航组织《危险物品安全航空运输技术细则》（Doc 9284 AN/905）规定的第9类危险品，锂电池起火/冒烟时具有高温、燃爆等特殊危险性，在进行应急处置时与机上其他火情的处置程序不尽相同。而旅客的手提电脑、手机、录像机、摄像机、掌上电脑里都有锂电池，存在较为普遍。2017年12月，中国民航局颁布《锂电池机上应急处置指南》，为航空承运人正确处置锂电池机上失火提供指导，机组人员只有掌握正确科学的方法，才能更好地实施及时有效的应急处置，从而保障飞行安全。

（一）锂电池基础知识

1. 锂电池分类

锂电池是指电化学体系中含有锂（包括金属锂、锂合金和锂离子、锂聚合物）的电池。

便携式电子
设备起火

（1）锂电池按性质可以分为锂金属电池和锂离子电池。

锂金属电池（包括锂合金电池）内含金属态的锂，以锂金属或锂合金为负极材料，金属氧化物或其他氧化剂为正极材料，固体盐类或溶解于有机溶剂的盐类作电解质，通常是不可充电的一次电池。

锂离子电池（包括锂聚合物电池）不含金属态的锂，以锂化合物为正极材料，石墨为负极材料，锂盐溶于有机溶剂中形成的溶液作电解质，是可以充电的二次电池。

（2）锂电池按结构可以分为锂电池芯和锂电池。

锂电池芯：由一个正极和一个负极组成，且两个电极之间有电位差的、单一的、封闭的电化学装置。

锂电池：用电路连接在一起的两个或多个锂电池芯，并安装有使用所必需的装置，如外壳、电极端子、标记和保护装置等。

（二）锂电池热失控

在某些情况下，锂电池的内部会发生多种化学反应并产生大量的热，这会引起电池温度升高，当热量累积到某一临界值时，会导致电池燃烧和爆炸，即热失控。空运常见的单个 CR17345（CR123A）型锂金属电池热失控时最高温度可达 950℃，单个 18650 型锂离子电池热失控时的最高温度可达 870℃。锂金属电池与锂离子电池一旦发生热失控，燃烧过程均持续几秒左右且存在两个关键节点：初爆和二次燃烧。初爆时，电池正极泄压装置破裂，喷射出少量电解液，并释放出大量可燃性的有机气体（多种碳氢化合物的混合物）。二次燃烧时，电池发生剧烈燃烧爆炸，火花四射，产生强光及大量烟气，同时爆炸产生巨大的冲击力。锂金属电池还会通过电池排气口喷洒白热化熔融锂。

（三）锂电池的危险性

航空运输过程中应关注锂电池以下危险性：

（1）锂电池本身是一个氧化还原体系，可以自发剧烈反应。

（2）内部或外部短路、过度充电、高温、挤压、产品质量缺陷，在使用、搬运、包装、储存等环节操作不当等原因均可能导致锂电池自发反应，温度升高，继而出现热失控，引起燃烧、爆炸。

（3）无论是内部原因还是外部加热或物理撞击，锂电池都能够产生足够的热量，使相邻的锂电池也发生热失控，或者引燃邻近物品。

（4）海伦灭火瓶可以扑灭锂电池明火，但无法阻止电池之间的热传导引起的热失控。

（5）锂电池燃烧时会发生复杂的化学反应，产生氢气、一氧化碳、二氧化碳、甲烷、氟化氢等危险性气体。

（6）锂电池燃烧时还会产生大量有害粉尘，影响飞行机组人员视线，危及机组人员和旅客身体健康。

（四）锂电池失火处置设备

机上可用于锂电池应急处置的设备有灭火设备和防护设备。灭火设备包括海伦灭火瓶、水灭火瓶等，防护设备包括防护式呼吸装置、防火手套等。除这些设备外，机组人员可以考虑使用机上易得物品作为锂电池应急处置的辅助工具。碳酸饮料、茶水、咖啡、果汁等不可燃液体可以用来实施灭火和冷却处置；湿毛毯、湿枕头等可以用来防止火源周围的物品被引燃和火势蔓延；机供品箱、冰桶、垃圾箱、餐车可以作为冷却或移动相关物品的容器；湿毛巾可以作为隔热防护用品等。

（五）锂电池失火处置原则

当机上因锂电池发生火情时，使用水灭火瓶或其他非易燃液体来冷却电池芯和其装置，使起火的电池内电池芯冷却，防止热量继续扩散到相邻电池芯。如果没有水灭火器，可使用其他不可燃液体来冷却电池芯和装置。如有明火时，使用海伦灭火瓶可以控制由于锂电池失火蔓延到周围的火情。使用海伦灭火瓶或水灭火器灭火后，应立即使用水或含水的非易燃液体充分覆盖和浸湿锂电池，因为只有水或含水的非易燃液体才能够冷却锂电池或锂电池组里的电池芯，并防止复燃。

（六）锂电池失火处置程序

断开或除去失火设备上的外接电源（如适用）；使用海伦灭火瓶或水灭火器灭火；立即持续用水或其他非易燃液体浸透失火的电子设备，降低锂电池单元电池芯的温度，阻断热散逸，防止相邻电池芯失火；如果该装置之前与飞机电源插座相连接，拔下其余所有电源插座上的电源，直至确认机上系统无故障；灭火期间与驾驶舱保持不间断的联络；如果发生溢出或渗漏，按照客舱危险品事故应急处置程序进行处置。

（七）锂电池失火处置注意事项

使用水或非易燃液体浸湿含有锂电池的电子设备时，避免使水溅洒在航空器系统的其他电子设备上。不要企图移动燃烧或冒烟的电子设备，以防带来严重的人身伤害。不要使用物品覆盖电子设备或试图用冰块降低温度，此种隔绝设备的方式会导致设备超温速度加快。

第四节　机组失能

机组人员丧失能力指一种机组履行其职责的能力下降或全部丧失的状态。失去工作能力的形式有许多，范围从濒临死亡的状态，如突发性心脏病、休克等，到轻微的暂时性症状，如牙痛、胃痛、睡眠不足等。这种失去工作能力的可能性无所不在，机组成员应提前预防，保持身体和心理处于良好状态。在飞行中，应加强机组人员间的交流，以便及时发现问题。如果发现机组人员前言不搭后语，那么就该怀疑他（她）是否可能丧失行为能力，应尽快采取措施，保证飞行安全。

一、机组失能的分类与现象

失能可大体分为明显丧失能力和轻度丧失能力两种类型。

明显丧失能力通常指机组成员丧失身体或精神能力，失去知觉或虽有意识但身体瘫痪无力，无法履行职责。明显丧失能力有时可包括全身痉挛，在出现丧失能力数分钟后，陷入失去知觉的状态。造成明显丧失能力的原因包括心肌梗死、心脏病、脑出血、脑卒中后癫痫。

轻度丧失能力指一种部分或暂时在生理或心理上丧失的状态，表现为身体部分性麻痹（包括四肢，感觉迟钝，判断力、反应力下降或其他，如语言表达能力差，反应迟缓等）。轻度丧失能力包括暂时性低血糖、血压降低、头痛、肌肉过度疲劳、过度饮酒、睡眠不足、情绪不稳、牙痛、胃痛、头痛等。

需要注意的是，如果经常发生其他机组成员不能及时发现的轻度丧失能力，可能会导致比明显丧失能力更危险的后果。

二、飞行机组失能的处置

当飞行机组成员发生失能的情况时，未失能的飞行机组成员通过内话系统或旅客广播呼叫乘务长进入驾驶舱。接到指令后，乘务长立即完成以下工作：指令乘务员/空警/航空安全员迅速到前舱集合；进入驾驶舱协助处理，但应避免碰撞控制系统；将能力丧失的驾驶员拉进其座椅，双臂交叉放于安全带下，协助其系紧并锁定安全带；将驾驶员座椅靠背向后调至最大限度；如需要氧气，协助其戴上驾驶舱机组氧气面罩并调至 100% 供氧；如条件允许，将能力丧失的飞行机组成员移出驾驶舱，就近平躺并固定，寻找医护人员或援助者实施急救并协助看护；指派客舱乘务员负责看护移出驾驶舱的失能机组成员。而后，操纵飞机的驾驶员指令客舱乘务员提供其他必要的协助。乘组负责《乘务日志》的录入和数据上传，完成《机上事件报告单》的填写。

三、客舱机组失能的处置

客舱机组成员失能时，应首先根据客舱乘务组成员的失能情况，按指挥权接替原则，确定客舱指挥者。客舱指挥者立即完成以下工作：评估失能人员情况后，报告机长；指令乘务员/空警/航空安全员速到前舱集合；根据实际情况，对乘务组成员进行分工调整；广播寻求机上医护人员提供医疗援助，并记录整个急救过程（时间、参与人员、采取措施、使用的急救设备、用药情况等）；如有条件，将失能者就近平躺、固定，并实施急救和看护；维持客舱秩序，避免引起旅客恐慌；保持与驾驶舱的联系，随时将失能者的身体状况报告机长；如失能者出现危及生命的紧急情况，应立即报告机长，决定是否就近备降；乘组负责《乘务日志》的录入和数据上传，完成《机上事件报告单》的填写。

本章小结

（1）当飞机遭遇颠簸或预计将进入颠簸区飞行，"系好安全带"提示灯亮时，乘组应执行颠簸处置程序。

（2）释压分为缓慢释压和快速释压。

（3）快速释压指迅速失去客舱压力，通常是在 1 分钟内发生的。它可能是因为金属疲劳、炸弹爆炸或武器射击而引起的密封破裂。

（4）缓慢释压指的是逐渐失去客舱压力，它可能是因机门或应急窗的密封泄漏，或因增压系统发生故障而引起的。

（5）可燃物、助燃物和着火源是燃烧的三个要素。

（6）根据可燃物性质的不同，我们通常将机上火灾分为四类，分别为 A 类（纸布类）、B 类（油气类）、C 类（电器类）、D 类（锂电池类）。

（7）在执行任何灭火程序时都应组成三人灭火小组，一人负责灭火，一人负责援助，一人负责通信联络。

（8）当因锂电池燃烧发生火灾时，应使用水灭火瓶或海伦灭火瓶灭火，火被扑灭后应立即向锂电池浇水或用含水的液体来冷却电池芯和其装置，使起火的电池芯冷却，防止热量继续扩散到相邻电池芯。

（9）失能可大体分为明显丧失能力和轻度丧失能力两种。

本章思考题

（1）颠簸的分类有几种？中度及以上颠簸该如何处置？

（2）如何预防及有效减少颠簸造成的人员伤害？

（3）什么是释压？释压后客舱乘务员应如何处置？

（4）火灾的分类有几种？分别使用哪种类型的灭火器进行灭火？

（5）叙述锂电池失火处置程序。

（6）机组失能的类型？飞行机组失能和客舱机组失能分别如何处置？

第七章 应急撤离

本章导读

飞行安全是航空运输企业立足的根本。所谓安全，就是通过对运行过程实施持续性监控和相应的风险管理过程，将人员伤害或财产损失的概率降至并保持在可接受的水平或其以下的一种状态。一旦发生航空事故，机组及乘务组应当将事故所造成的危害减小到最低的限度。世界范围内曾发生过各种航空事故，其中，有许多成为成功处置的典范，比如堪称奇迹的全美航空的哈德逊河迫降。其成功处置迫降事件的关键在于，全体机组及乘务组有着临危不乱的心理素质、过硬的业务素质。此外，旅客的理智配合、良好的撤离秩序，以及地面有关部门迅速的应对措施等，也都是不可或缺的。

学习目标

知识目标

（1）了解应急撤离的工作内容；
（2）熟悉应急撤离的原则；
（3）掌握应急撤离前的客舱准备程序与撤离时的程序。

技能目标

（1）提高学生随机应变、指挥协调的能力；
（2）培养学生应对应急撤离的组织能力。

素养目标

（1）培养学生团结协作、恪尽职守的职业素养；
（2）增强学生自身的责任感与使命感。

学习重点与难点

重点：应急撤离前的客舱准备程序。

第七章　应急撤离

难点：撤离时的程序。

本章关键词

应急撤离（Emergency Evacuation）　　　陆地撤离（Land Evacuation）
水上撤离（Evacuation on Water）

互联网资料

民航资源网
中国民用航空局官网

 **思政荐读**

全美航空 1549 号航班迫降事件

2009 年 1 月 15 日，前美国空军飞行员切斯利·萨利·萨伦伯格（以下简称萨利机长）执飞全美航空 1549 号航班，从纽约拉瓜迪亚机场飞往北卡罗来纳州。这架 A320 客机在爬升过程中遭加拿大黑雁撞击，导致两台引擎同时熄火，并且失去动力。萨利机长迅速反应，决定于哈德逊河河面进行迫降，最后 155 名旅客和机组人员全部生还。

该航班于下午 3 时 26 分起飞，起飞大概 1 分钟后，萨利机长向机场塔台报告，飞机上的两台引擎都失去动力，要求立即折返机场。机场方面随即指示 1549 号航班立即折返，但萨利机长发现，飞机当时的状态已经无法做到掉头折返机场。于是，他准备飞往新泽西的泰特伯勒机场作紧急降落。但很快，萨利机长又发现，以飞机当时的高度及下降速度，无法使其安全降落于泰特伯勒机场。

最终，萨利机长决定避开人烟稠密地区，冒险让飞机紧急降落在贯穿纽约市的哈德逊河上。飞机飞进哈德逊河河道上空，并以滑翔方式缓缓下降。飞机机尾首先触水，其后以机腹接触水面滑行，飞机左侧的一号引擎于水面滑行期间脱落，沉入河底。飞机停稳后，萨利机长指挥乘务组组织旅客撤离飞机，撤离组织得十分迅速、有序，此时冰冷的哈德逊河河水已经涌入机舱地板。在机组和乘务组的组织下，150 名旅客全部生还，旅客通过客舱两侧的应急出口撤离客舱，站在机翼上等待救援。很快附近的游轮、纽约消防局、海岸警卫队的救援直升机和船只都赶到现场加入救援。在疏散旅客时，萨利机长两度返回客舱检查（此时飞机正在不断地下沉），确保没有旅客被困，才最后一个离开飞机。事发后，萨利机长被生还者及美国民众推崇为英雄，此次迫降堪称世界民航史上的奇迹。

萨利机长谈起此事时一直强调："我不是英雄，只是一个做了本职工作的普通人。"这就是民航人对安全工作最真诚的表白。生命只有一次，保障飞行安全永远是民航人最重要的职责。

第一节 应急撤离概述

随着我国经济的高速发展，中国民航业取得了举世瞩目的发展成就。中国民航始终坚持"安全第一"的方针，运输飞行事故率总体呈不断下降趋势，航空安全管理水平持续提高，航空安全工作取得了长足的进步。尽管如此，安全依然是民航工作永恒的主题，是飞行的生命线，是航空公司的立足之本，是一切工作的奠基石。从2013年开始，中国民航局每年组织民航业各单位开展应急撤离演练工作，应急撤离演练的形式逐渐从各单位的桌面演练、单科演练演变为综合性的实操演练，这对中国民航各单位应急撤离能力的提升起到了重要的促进作用。

一、应急撤离的定义及类型

应急撤离也叫紧急撤离，是指飞机遇到较大危险，在陆地或水上进行紧急迫降后，全体旅客和机组成员按照相应预案和应急操作程序，以科学、统一、简练的动作尽快撤离飞机。

按照迫降的不同地点，应急撤离分为陆地撤离和水上撤离；按照迫降前有无准备时间，可分为有时间准备的应急撤离和无时间准备的应急撤离。

二、应急撤离的基本原则

为保证应急撤离顺利地进行，应急撤离时，机上全体机组人员应遵循以下基本原则：听从机长指挥、迅速正确地判断、准备处置的措施、随机应变、沉着冷静、维持秩序、团结协作。

三、应急撤离的指挥权

机长对飞机安全运行负全责，所有机组及乘务组成员必须服从机长的指挥。飞机停稳后，通常情况下由机长发布应急撤离的指令，如机长失能，机组及乘务组成员应按一定的顺序接替机长宣布应急撤离指令，如图7-1所示。

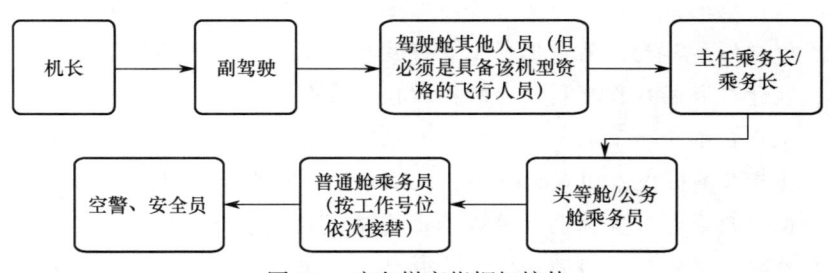

图 7-1 应急撤离指挥权接替

四、飞行中出现异常时乘务员的报告原则

在飞行过程中，任何乘务员发现异常的声音、烟雾、味道等情况，都要及时报告机长，不要低估自己的能力、经验和判断力。如果没有把握判断所观察到的状况是否危及飞行安全，可以将疑虑告诉其他组员，协商解决。

（一）飞机采取迫降措施的情形

当出现以下几种情形时，机长可下达迫降的决定：飞机内外起火、异常的声响和撞击、客舱内异常烟雾、燃油严重漏出、机体破损、其他严重影响安全的情况（炸机、发现危险品等）。

（二）乘务员报告时机

（1）在紧急情况下或滑行、巡航、下降时，立即报告；
（2）起始爬升阶段，待飞机离地后，立即报告；
（3）最终进近与着陆，待飞机滑出跑道后，立即报告。

（三）乘务员报告步骤

（1）使用内话机，紧急呼叫驾驶舱，甚至直接进入驾驶舱；
（2）报告所发生情况的类型、位置和程度；
（3）听取机长的指示，采取进一步行动。

若乘务员暂时没能与驾驶舱取得联系，不要放弃，稍后再重复以上步骤。任何乘务员若确实不能与驾驶舱取得联系时，则应当把情况报告给主任乘务长/乘务长，并听取指示。注意保持与主任乘务长/乘务长的联络，一旦情况出现恶化，立即进行迫降前的准备，直至实施撤离程序。

第二节　应急撤离程序

飞机遇险，需要应急撤离时，飞行机组和乘务组都有相应的预案和应急操作程序，乘务组需要按照公司手册的程序，结合当时的情况，组织旅客进行撤离前的准备工作、应急撤离及撤离后的工作。

一、应急撤离前的客舱准备程序

当机长下达迫降的决定后，乘务组需要根据迫降的时间，组织旅客进行一系列的准备工作，以应对飞机接地或接水时强烈的撞击，并在迫降后组织全体旅客及机组安全、快速地离开飞机，到达安全地带。

（一）有时间准备的应急撤离

如发生有时间准备的应急撤离，应急撤离前的客舱准备应按一定的程序进行，如表7-1所示。

表 7-1　应急撤离前客舱准备程序检查

序号	内容	备注
1	与机长协调	
2	与区域负责人协调	
3	把客舱灯光调到最亮位	
4	向旅客广播迫降决定	★
5	安全检查	
6	示范救生衣的使用方法（仅水上撤离适用）	★
7	介绍应急出口位置，脱出区域划分	★
8	示范防冲击安全姿势	★
9	选择援助者	
10	准备撤离时携带的物品	
11	再次进行安全确认	
12	自身确认，报告主任乘务长/乘务长	
13	报告机长"客舱准备完毕"	
14	调暗客舱灯光	
15	发出"乘务员各就各位"的指令	
16	发出防冲击口令"抱紧，防撞！Brace for impact！"	
17	做好自身防冲击安全姿势，直到飞机着陆/着水，完全停稳	

注意：如果准备时间不充分，乘务组可以根据实际情况决定需要实施的程序，表中★表示需要优先完成的内容。

（1）与机长协调。

机长通过机上内话紧急呼叫通知主任乘务长/乘务长到驾驶舱，下达迫降的决定。

机长："紧急情况！乘务长速到驾驶舱。"

主任乘务长/乘务长："明白，马上到！"并且带纸、笔进入驾驶舱，了解、协商以下信息并记录：明确迫降的形式、原因、时间、地点、环境，与有关单位联系的情况；共同确定撤离的方案；明确防冲击信号和撤离信号；校对时间；其他特别的要求。

乘务长与机长协调沟通

（2）与区域负责人协调。

主任乘务长/乘务长召集各区域负责人：传达机长的指示和决定；进行分工，确认每人的位置和任务；落实检查单的各项工作。

（3）把客舱灯光调到最亮。

（4）机长和主任乘务长/乘务长向旅客广播迫降的决定。

（5）完成安全检查。

乘务长和乘务员协调沟通

应急撤离前的安全检查包括：回收餐盘和服务用具；存放好旅客的手提行李；扣好舱内所有帘子，打开遮光板；固定厨房的设备，收起显示屏；检查旅客的安全带、座椅靠背、小桌板、遮光板、脚踏板；冬季或者极地迫降要求旅

乘务长广播

客穿好衣服防寒;广播通知旅客取下尖锐物品并松开紧身衣物(取下钢笔、发夹、珠宝首饰、手表放在行李内;解下围巾、领带放在行李内;陆地迫降时将高跟鞋等可能损害滑梯的鞋放入行李内,水上迫降时需脱掉所有的鞋,并将其放入行李内);不要把任何东西放在座椅背后的口袋里。

(6)广播示范救生衣的使用方法(仅适用于水上撤离)。

① 使用机组救生衣为成年人演示正确的救生衣穿戴程序。确认旅客了解成年人救生衣只有在他们撤离舱门时才能充气,因为充气后的救生衣不易通过应急出口,而且如果飞机很快沉入水中,穿着充气的救生衣的旅客很难迅速到达出口处。

② 向婴儿提供合适的救生衣,协助穿戴并对带婴儿的旅客进行个别简介。将婴儿救生衣的带子扣在成人救生衣的扣环上,并在飞机着水,将婴儿抱离座位后充气,婴儿离开座位后其救生衣充一半气。

③ 要确保所有旅客都穿上了救生衣,要确保救生衣的带子没有被套在座椅安全带之中。

④ 如配备的旅客救生衣有电池销,让旅客拉下救生衣上的电池销,以便救生衣上的定位灯入水后能工作。

(7)广播介绍应急出口位置,脱出区域的划分。

乘务员通过广播为旅客指示出口和应急撤离指示灯,水上迫降时,还需指示救生筏的位置;提醒旅客注意,并非每一个人都将从登机门撤离;告知旅客两个最近的出口位置;告知旅客那些由于滑梯失效或舱门不能开启而无法使用的出口;将旅客集中到靠近出口的位置;按类型进行撤离出口和区域划分,如表7-2所示。

表7-2 B737-800飞机(178座)撤离出口和区域划分

类型	区域	出口
陆地撤离	1~40	L1、R1门
	41~48	翼上出口
	49~59	L2、R2门
水上撤离	1~41	L1、R1门
	42~59	翼上出口

(8)广播、示范防冲击安全姿势。

乘务员坐在椅背上或站在过道上示范;根据机型和舱位只演示最适合的一种;对于特殊旅客应进行个别指导;逐一检查旅客的防冲击安全姿势;使旅客了解采取防冲击安全姿势的口令;说明飞机着陆时可能出现多次撞击,因此要保持防冲击安全姿势,直到飞机完全停稳;把孕妇的座位调整到非面对隔板的座位上,并为她(们)提供正面保护物(毛毯、枕头等)。

防冲击安全姿势具体操作如下。

① 多数旅客:可两脚分开,用力蹬地,手臂交叉抓住前方椅背,收紧下颚,头放在两臂之间。

② 前面没有座位或无法抓住前方椅背的旅客：可俯下身，收紧下颚，低下头放在两膝之间，两手抓住脚踝，或双手虎口交叉置于脑后。

③ 孕妇、身材高大、肥胖的旅客等（应作个别简介）：两脚分开，用力蹬地，两手抓住座椅扶手或双手虎口交叉置于脑后，收紧下颚，低下头。

④ 两脚不能着地的儿童：将双手压在大腿下，手心向上，收紧下颚，低下头，俯下身，并要求旁座的成人在做好防冲击安全姿势的前提下，用一手按住儿童的背部。

⑤ 怀抱婴儿的旅客：两脚分开，用力蹬地，将婴儿斜抱在怀里，收紧下颚，低下头，俯下身，一手抓住前方椅背或脚踝；坐在过道旁怀抱婴儿的旅客，婴儿头部不能朝向过道。

⑥ 座位上同时有安全带和肩带的旅客：可两脚分开，用力蹬地，两手抓住座椅扶手，或两手手心向上压在大腿下，收紧下颚。

⑦ 辅助动物（导盲犬）：为了防止导盲犬撞击，用枕头和毛毯在隔板区或在旅客前面的座位底下铺上垫子；建议旅客卸下导盲犬的挽具并套上皮带；应当由主人来负责牵住导盲犬，由乘务员及援助者协助撤离。

（9）选择援助者。

① 援助者的挑选对象。

- 首选航空公司职员。
- 选择军人、警察和消防员。
- 身强力壮的志愿者。

② 援助者的任务。

援助者的任务是帮助需要帮助的旅客及协助乘务员做好撤离工作，援助者位置及分工如表7-3所示。乘务员向援助者交代任务时，语言要简单、明了，不要使用专业术语，还应确认援助者已清楚各自的任务。必要时，可调整援助者的座位，安排援助者在出口处或需要帮助的旅客旁边就座。需要帮助的特殊旅客安排在应急出口的第二排中间，同一排座椅不能同时安排两个特殊旅客，担架旅客应安排在客舱最后一排。

表7-3 援助者位置及分工

出口	撤离条件	援助者	任务
翼上出口	陆地	1	观察情况，打开出口，站在机翼上靠近出口的地方，帮助旅客撤离
		2	站在机翼底下的地面上，协助旅客从机翼滑下
		3	指挥旅客远离飞机，到安全区域集合
	水上	1	观察情况，打开出口，协助使用救生筏。把救生筏搬运到机翼上，投入水中使之充气后，并帮助旅客进入救生筏
		2	进入救生筏，帮助安排好旅客
		3	站在机翼出口边，帮助旅客撤出，并告诉旅客给自己的救生衣充气
舱门出口	陆地	1	打开门后，第一个援助者滑下飞机，站在滑梯的左侧，抓住一边，帮助滑下来的旅客
		2	第二个援助者滑下飞机，站在滑梯的右侧，抓住一边，帮助滑下来的旅客
		3	第三个援助者滑下飞机，带领并指挥脱出的旅客向集合点集中，远离飞机

(续表)

出口	撤离条件	援助者	任务
舱门出口	陆地	4	站在脱出口的一侧，与客舱乘务员一起指挥旅客撤离
		5	在乘务员失去指挥能力时，代替其指挥并告诉其他援助者解开乘务员安全带的方法
	水上	1	打开门，协助乘务员搬救生筏，第一个援助者上救生筏，爬到救生筏一边坐下，招呼旅客靠近并坐下
		2	第二个援助者上救生筏，到救生筏的另一边坐下，指挥并帮助其他旅客
		3	第三个援助者上救生筏，指挥和帮助旅客
		4	站在客舱门口左侧，招呼旅客过来，告诉他们给自己的救生衣充气
		5	站在客舱门口右侧，在乘务员失去指挥能力时，代替其指挥旅客并告诉其他援助者解开乘务员安全带的方法

（10）根据迫降环境准备好应携带的物品。

乘务员尽可能多地带上文件、资料和各种必要设备、饮料、食品、毛毯、水等，并且将这些物品存放在安全、易拿取的位置，如迫降在机场范围内，可不用携带任何物品。

（11）再次进行安全确认。

乘务员提醒旅客取下眼镜、助听器等物品放在口袋内；固定客舱和厨房内的浮动物品，切断厨房电源。

（12）乘务员自身确认。

乘务员确认自身尖锐物品已取下，脱下高跟鞋、皮鞋，坐在指定的位置，系好安全带。水上迫降要穿好救生衣，若时间允许，乘务员需要脱下尼龙制品衣物，冬季或者极地迫降还应穿上保暖衣物。自身确认完后，及时向主任乘务长/乘务长报告。

（13）主任乘务长/乘务长向机长报告。

主任乘务长/乘务长："客舱准备完毕！"

机长："明白，乘务员各就各位！"

（14）调暗客舱灯光。

（15）主任乘务长/乘务长通过旅客广播系统发出："乘务员各就各位！Cabin crew, get ready!"

（16）飞机下降至距离地面或水面约610米（2000英尺）时，驾驶舱用广播系统向客舱发出警告指令："客舱机组注意，2000英尺接地（接水）。"飞机下降至距离地面或水面约150米（500英尺）时，下达实施防冲击指令："1分钟后着陆（着水），抱紧，防撞！抱紧，防撞！"

（17）乘务员大声命令："抱紧，防撞！Brace for impact！"

（18）做好自身防冲击安全姿势，直到飞机完全停稳。

① 背向驾驶舱：系好安全带，两脚分开，用力蹬地，双手抓住座椅或双手手心向上压在大腿下，收紧下颚，头紧靠头枕。

② 面向驾驶舱：系好安全带，两脚分开，用力蹬地，双手抓住座椅或双手手心向上压

在大腿下，收紧下颚，头低下。注意：当肩带自动锁紧装置失效时，可俯下身，头低下放在两膝之间，两手抓住脚踝。

（二）无时间准备的应急撤离

无时间准备的撤离通常发生在飞机起飞或着陆时，这种意料之外的紧急着陆可能发生在地面或水上。

（1）乘务员在出现第一个撞击迹象时应迅速作出判断。

（2）发布口令："低头，弯腰，抱紧，防撞！Heads down! Bend over! Brace for impact!"

（3）做好自身防冲击安全姿势，直到飞机完全停稳。

二、应急撤离时的操作程序

（一）撤离时的判断

飞机着陆/着水完全停稳后，机长发布"客舱机组，各就各位！Cabin crew, get ready!"指令，要求客舱机组做好准备（迅速到达各门区，观察、判断，并指挥旅客）。

机长完成相关程序后，通过旅客广播系统向客舱发出撤离或不需要撤离的指令。当显然存在必须撤离飞机的情况时，如有严重的结构性损伤（机体破损）、威胁性起火或烟雾、飞机进水、燃油严重漏出等情况，乘务长（乘务组）须主动与飞行机组联系；若无法获得飞行机组的任何指令，乘务长（乘务组）在确认飞机具备应急撤离条件时，立即组织实施应急撤离。

1. 需要撤离

机长："旅客撤离，撤离！Evacuate, evacuate!"

乘务员："解开安全带！Open seat belt!"

（空客系列飞机和B787飞机可以通过撤离警报发出指令。）

2. 不需要撤离

机长："客舱机组与旅客，座位上坐好！Flight attendants and passengers, remain seated!"

乘务员："坐在座位上，不要动！Remain seated! Don't move!"

（二）出口的打开

1. 撤离口的选定

当飞机迫降后，乘务员根据机长指示、周围环境及飞机着陆/着水的姿态，决定使用哪些出口。

（1）正常陆地迫降：在无烟、无火、无障碍的情况下，所有出口均可使用。

（2）前轮和主轮全部折断：翼上出口不能使用，因机腹着地，发动机触地，可能引起火灾。

（3）前轮折断：在无烟、无火、无障碍的情况下，所有出口均可使用。但要考虑后舱门离地面高度及滑梯长度。

（4）飞机尾部拖地：在无烟、无火、无障碍的情况下，所有出口均可使用，但要考虑前舱门离地面高度及滑梯长度。

（5）飞机侧趴，主轮一侧折断：靠地面一侧的翼上出口不能使用，因发动机触地可能引起火灾。

（6）水上迫降：除 B737-700/800 机型外，翼上出口一般不用，其他出口要视飞机浸水情况而定。

2. 确认出口状况

（1）陆地撤离，观察脱出口外的状况（简称"无烟、无火、无障碍"）。

① 通过机门上的观察窗或机门旁的舷窗，观察机外的状况，确认出口是否有效、可用；

② 注意机体结构性损伤、起火、障碍物（如金属残片）、机门外的燃油都会导致出口失效；

③ 除非已没有更好的选择，否则由于浓烟等因素使乘务员无法对出口状况进行评估时，就不要冒险打开这个出口。

陆上组织撤离

（2）水上迫降，观察脱出口外的状况（简称"无烟、无火、出口高出水面"）。

① 通过机门上的观察窗或机门旁的舷窗，观察机外的状况，确认出口是否有效、可用；

② 注意机体结构性损伤、起火的地方，观察出口门槛是否低于水面或受到阻碍；

③ 对撤离的情况进行判断，如飞机可能会很快下沉时，应迅速将救生筏与飞机脱开。

3. 打开出口

（1）若出口可以使用。

首先，乘务员确认飞机完全停稳，如应急灯未自动亮起，则人工开启，迅速打开出口；然后，拉人工充气手柄，确认滑梯、救生筏充气完好，可以使用；最后，抓住辅助手柄，站在指定的位置指挥旅客撤离。

水上组织撤离

（2）若出口不能使用。

负责该出口的乘务员指挥旅客从其他安全出口撤离。

（三）指挥旅客撤离

1. 应急撤离口令

表 7-4 详细列出了不同应急撤离状态下乘务员的口令，确保旅客在紧急情况下能够迅速、有序地撤离飞机。

表 7-4　应急撤离口令

状态	口令
飞机停稳，机长给出撤离信号。乘务员解开安全带起身，观察窗外状况，并打开出口门后封住舱门时	"解开安全带！Open seat belt！"
陆地撤离，出口已经打开，滑梯充气后，一只手握住门边把手，另一只手指挥时	"到这边来，跳！滑！Come this way, jump! Slide！"
水上撤离，出口已经打开，滑梯充气后，一只手握住门边把手，另一只手指挥时	"到这边来，充气！登筏！Come this way, inflat your vest, step into raft！"

（续表）

状态	口令
当门被堵住，或门把手被卡住，或舱外有火、烟、水时，乘务员面向客舱双臂交叉	"此门不通，到那边去！No exit, go that way!"
旅客撤离完毕，乘务员清舱时	"还有人吗？Anybody else?"

2. 撤离时间和方向

（1）撤离时间。陆地撤离时间为 90 秒钟，水上撤离一般情况为 120 秒，此时间是从飞机完全停稳到机上最后一个人撤离为止。

（2）撤离方向。陆地撤离应选择在风上侧躲避，远离飞机至少 100 米；水上撤离应选择在风下侧，离开燃油区和燃烧区。

3. 跳滑梯的姿势

当飞机停稳，舱门打开后，旅客需要在乘务员的指挥下从舱门滑梯滑下撤离飞机。

（1）正常旅客（包括儿童、老人和孕妇）及乘务员从滑梯撤离时，应双臂平举，轻握拳头，或双手交叉抱臂，从舱内跳出，腰部用力挺直，落座在滑梯上，双腿及脚后跟紧贴梯面，滑到滑梯底后，迅速起身，向撤离方向跑开。

（2）抱小孩的旅客应把小孩抱在怀中，坐滑下飞机。

（3）伤残旅客应根据自身的情况，坐滑或由援助者协助坐滑撤离。

4. 使用未充气滑梯撤离的方法

两位援助者从其他出口先下飞机，在滑梯底部相对站立，用力抓紧滑梯底部两侧，使滑梯与飞机呈 45°角。乘务员指挥旅客："坐，滑！Sit! Slide!"并且指挥其他援助者，在滑梯的底部协助旅客撤离。

5. 撤离过程中的注意事项

（1）禁止旅客携带手提行李，制止拍照、录像等行为。

口令："不要带行李！No buggage！不要拍照，不要录像！ No videos and photos!"

（2）如旅客无视机组指示，通过口令、喊话、广播等方式反复提醒。

（3）为避免因旅客携带行李造成的出口线路阻塞、撤离速度减慢，行李托举对乘务员及他人造成伤害，应强制取走旅客执意携带的行李，存放在不阻塞撤离线路的区域（如洗手间、隔间等），不得将手提行李扔到飞机外，以防造成人员伤害或设备损坏。

（四）检查客舱、驾驶舱

当旅客撤离完毕，乘务员应逐一检查所负责区域的每排座位，同时呼喊口令："还有人吗？听到请回答！Anybody else? Answer me!"确认无人后报告乘务长，即可撤离，由主任乘务长/乘务长再次清舱后报告机长，机长最后清舱，最后一个撤离飞机。

（五）带上准备好的物品撤离

若飞机迫降在寒冷地带，尽可能多带食品、饮料和保暖物；若迫降在机场附近，可不携带任何物品；若在水上迫降，带好小刀，割断系留绳，使救生筏与飞机分离。

（六）到安全的区域集合

1. 陆地撤离

离开飞机至少 100 米的风上侧。

2. 水上撤离

离开飞机至少 150 米的风下侧，避开水面油污和飞机下沉的漩涡区。

三、应急撤离后的工作

（一）陆地撤离后的工作

指挥旅客到远离飞机 100 米以上的风上侧躲避；清点幸存者人数；优先处理严重受伤者；将幸存者分组，每组 25 人以内，指定领队带领他们行动，领队必须清楚有多少组员；在每个组里，建立互助机制；使用飞机残骸、滑梯、岩洞、树木等建立临时掩体；留在飞机附近的安全区，以便救援；准备好救援用的信号器具，启动应急定位发射器；取出机上有用物品，如应急设备、食品和水，但不到万不得已，不要返回飞机；必要时，轮流值班，看护邮件、包裹及飞机；不要贸然行事，注意保存体能。

（二）水上撤离后的工作

1. 在救生筏上的工作和注意事项

救生筏应撤离到飞机 150 米以外的风下侧，且避开油污；援救落水者，清点人数；抛出海锚，稳固救生筏；捞起救生包，清理救生筏内积水，修补漏洞，支好帐篷；将发报机系在船上，并启动；将救生筏以 7~8 米为间隔连在一起，因为当发现有飞机时，将救生筏相互拉近，会使帐篷的颜色更易被识别，如遇大浪，还可以防止救生筏颠覆；确认救生包里的物品固定在救生筏上；保证筏体浮力管内的空气充足，但不要过足，根据温度情况对其作出调整；避免尖锐物品刺破筏体；确保救生筏上的每个人都穿好救生衣，并充气；安排旅客均匀地分布在救生筏内，防止救生筏侧翻；在救生筏内移动前，应先告诉周围的旅客，然后再采取爬行的方式移动，不要站立行走，不要坐在边沿上。

2. 救生筏上的指挥

将机组成员分别安排到每个救生筏上；明确救生筏上每个人的职责，一同参与救援工作；安排人员昼夜值班，用一根不短于 3 米的绳子将值班者系在救生筏上。

第三节 应急撤离广播

在进行应急撤离前的准备工作和应急撤离时，需要由乘务长通过广播向旅客和乘务员传达各项事宜，乘务长广播的同时，乘务员需要完成相应的任务，且有相关安抚语言或指挥话术，乘务长广播的具体内容与乘务员的任务、话术，如表 7-5 所示。

表 7-5　广播内容与乘务员任务、话术对应表

广播环节及内容	乘务员任务及话术
（1）乘务长广播：代表机长宣布迫降决定	乘务员安抚旅客
各位旅客： 　　我是本次航班的主任乘务长/乘务长。（由于＿＿＿原因）机长决定紧急迫降。我们全体机组成员都受过良好的训练，有信心、有能力保证你们的安全。请保持冷静，听从乘务员的指挥 Ladies and Gentlemen, 　　This is chief purser/purser speaking. (Due to＿＿＿) Captain decided to make an emergency landing. The crew has been well trained to handle this situation. We will do everything necessary to ensure your safety. Please keep calm, pay close attention to the cabin attendants and follow our instructions	请大家不要惊慌，我们全体机组人员都受过专业训练，我们有信心、有能力保证您的安全，请务必听从乘务员的指挥
（2）乘务长广播：安全检查（根据实际情况做以下广播）	乘务员按广播内容整理、检查客舱及厨房
为了撤离的安全，请将您的餐盘和所有服务用具准备好，以便乘务员收取 　　Please pass your food tray and all service items for picking up 　　请将高跟鞋、假牙、胸针、领带、项链、笔及小件物品放在行李箱内 　　Please put the high-heeled shoes, denture, badge, tie, jewelry and pen in the overhead bin 　　请系好安全带，调直座椅靠背，收起小桌板（脚踏板）及显示屏 　　Fasten your seat belt, adjust your seat back to the upright position, stow your tray table (footrest) and in-seat video unit	脱下高跟鞋，所有鞋子放在行李箱内 贵重物品放在外衣口袋里 解下围巾、领带放在行李箱内 眼镜、助听器、假牙要取下，但不是现在，听到我口令时再取下
（3）乘务长广播：救生衣演示（仅水上迫降）	乘务员使用机组救生衣在客舱演示指导
现在向您介绍救生衣的使用方法 　　Now, we will show you how to use the life vest 　　救生衣在您座椅下方/座椅下方的口袋里/座椅侧边的储藏位 　　The life vest is located under/beside your seat 　　取出，撕开包装，但在客舱内不要充气 　　Take it and open the pack. But don't inflate it in the cabin	救生衣在座椅下方/侧边 取出，撕开包装

(续表)

广播环节及内容	乘务员任务及话术
救生衣经头部穿好，将带子扣好，系紧 Put the life vest on, slip it over your head. Then fasten the buckles and pull the straps tightly around your waist 当您离开飞机时，拉动救生衣红色充气手柄，但在客舱内不要充气 When leaving the aircraft, inflate your life vest by pulling the red tabs. But don't inflate in the cabin 充气不足时，可将救生衣上部人工充气管拉出，用嘴向里吹气 For further inflation, you can pull out the mouthpieces and blow into them 现在，乘务员将协助任何需要帮助的旅客穿上救生衣 Now, we will help anyone who needs help	不要在客舱内充气 离开飞机时，拉动救生衣红色充气柄充气 充气不足时，用嘴向里吹气
（4）乘务长广播：介绍应急出口位置，脱出区域划分	乘务员迅速确认出口环境、划分旅客的撤离区域、演示出口并加以确认
现在我们将向您介绍最近的出口位置，请确认。撤离时，请前往最近的出口，不要携带任何行李 Now, we will show you the nearest exits. Please identify them. When evacuate, leave your baggage on board!	这一排、那一排的旅客请注意，当飞机停稳后，请从这个出口撤离，如果这个出口不能使用，请从那个出口撤离
（5）乘务长广播：示范防冲击安全姿势	乘务员演示、指导、确认
现在，我们将向您介绍防冲击安全姿势 Now, we will explain how to brace for impact 根据实际情况选择一种： a. 两脚分开，用力蹬地，手臂交叉，抓住前方椅背，收紧下颚，头放在两臂之间 When instructed to brace for impact, put your legs apart, place your feet flat on the floor. Cross your arms like this. Tuck your chin, hold the seat back in front of you and rest your face on your arms b. 收紧下颚，双手虎口交叉置于脑后，低下头，俯下身 When instructed to brace for impact, cross your hands above your head. Tuck your chin, head down, and bend over 当您听到"抱紧，防撞！"时，采取这种姿势，直到您听见"解开安全带！"为止 When you hear "brace for impact", hold this position until you hear "open seat belt"	看着我，跟我学 做好防冲击安全姿势，我来检查 很好，请还原

(续表)

广播环节及内容	乘务员任务及话术
请大家保持这种姿势，以便乘务员检查 Now, please hold this position, so that the flight attendants can assist you	
（6）乘务长广播：选择援助者	乘务员寻找援助者并确认其任务
女士们、先生们： 请注意！如果您是航空公司雇员、执法人员、消防人员或军人，请与乘务员联系。我们需要您的帮助 Ladies and Gentlemen, If you are airline employee, law enforcer, fireman or soldier, please contact us. We need your help	有没有航空公司雇员、军人、警察和消防员？我们需要您的帮助 你们三位愿意做我的志愿者吗？好，请跟我来

 拓展阅读

关于应急撤离你需要了解什么？

飞机起飞、降落时，乘务员和机上广播都会要求旅客"系好安全带、收起小桌板、调直座椅靠背、打开遮光板、取下耳机……"这是因为安全带可以将旅客牢牢固定在座椅上，降低飞机颠簸时旅客受伤的概率；收起小桌板和调直座椅靠背可以为旅客留出快速撤离的空间，同时避免旅客在飞机出现意外情况时受到撞击致伤；打开遮光板可以随时了解飞机外部情况，还可以让旅客提早适应机外光线，保护眼睛；飞机起飞、落地阶段旅客需要取下耳机，使其能够清楚地听到客舱广播及乘务员的口令。防患于未然，飞机一旦遇险，比如客舱失火、发动机故障等，落地（水）后需要尽快撤离飞机时，这些"小要求"就会"帮大忙"。

飞机遇险落地（水）前，旅客除了做好上述动作外，还要根据乘务员口令做好防冲击安全姿势。应急撤离前，机长会根据当时的风向、飞机着陆（水）姿态等情况迅速作出判断，如撤离口的选定、撤离方向的选择等。而乘务员会向旅客介绍各种应急撤离的知识，挑选援助者，确定撤离路线，在15秒内打开应急撤离门，组织旅客安全、迅速、有序撤离。旅客中的援助者一般由乘坐飞机的机组人员、航空公司员工、军人、警察、消防人员，以及身强力壮的男性旅客来担任，在组织旅客撤离中协助乘务员工作。

在撤离前，旅客不仅要学会跳滑梯的姿势，还有很多跳滑梯的注意事项需要了解。比如，旅客要取下随身携带的锐利物品和松散物品，解下围巾和领带，脱下高跟鞋、皮鞋、带钉子的鞋，不要携带任何行李。

排队跳滑梯撤离时，旅客要听从乘务员安排，有序进行；如果是水上撤离，穿好救生衣的旅客不要在客舱内拉开充气阀，这样会让狭小的客舱更加拥挤，让撤离更加困难。跳滑梯时，普通旅客应双臂平举，轻握拳头，或双手交叉抱臂，从舱内跳出落在梯内时手臂的位置不变，双腿及脚后跟紧贴梯面，收腹弯腰直到滑到梯底，站立跑开；抱小孩的旅客

要把小孩抱在怀中，坐着滑下飞机；伤残旅客则须根据自身情况，坐滑或由援助者协助坐滑撤离。

跳下滑梯，成功撤离飞机后，旅客还不能掉以轻心，只有撤到安全区域才算真正的安全。比如，飞机发生意外时，往往伴随浓烟、大火甚至爆炸，浓烟和火焰会随着风势蔓延。旅客需要迎风快速撤离现场，因为顺风跑动可能会受到二次伤害。撤下飞机后，旅客应判断当时的风势，尽可能地远离飞机，确保最大程度的安全。

撤到安全区域后，旅客要听从乘务员指挥，聚集到一起，方便乘务员清点人数，救护受伤的旅客。不是每一次应急撤离都落在机场区域，不是每一次救援都能及时到达。在偏远区域的紧急撤离，就需要旅客在机组、乘务组的组织带领下做好后续的急救、救护、防护准备，等待救援。

第四节 应急撤离虚拟仿真实验

一、实验目的

由于民航不安全事件具有突发性、高危险性和不可逆性等特点，传统教学方法无法满足突发事件协同处置的实训需求，通过仿真设计，再现突发事件下"机组—旅客"协同处置情景，实现以下教学目标。

1. 掌握民航突发事件下协同处置的内容和程序

基于航空服务艺术与管理专业学生的认知特点，科学凝练民航协同处置知识结构体系，通过虚拟仿真实验教学，使学生熟悉了解B737-800飞机客舱的布局结构、乘务员的日常工作流程，掌握机上应急设备的位置、数量、检查及使用方法，明确乘务员安全管理工作的要求，掌握民航突发事件下协同处置的基本内容和不同场景下的处置程序。

2. 具备突发事件下的"机组—旅客"协同处置能力

通过不同突发事件场景的构建和仿真流程设计，在引导学生掌握协同处置基本内容和程序的同时，培养和提高学生在突发事件下进行"机组—旅客"协同处置的能力。实验系统针对不同场景和角色，设计有相应的训练模式和考核内容，学生可以选择不同角色，在对应的系统任务驱动下，完成"机组—旅客"协同处置过程，达到培养学生客舱服务能力、机组资源管理能力、沟通能力、稳定的心理素质、团队协作能力和应急处置能力的目标。

二、实验原理及方法

1. 实验原理

项目依据中国民航规章 CCAR-121 部第 121.161 条"应急撤离程序的演示"，以及附件 C（a）、（b）条款，以客舱安全管理的应急撤离为目标，还原了民航客机突发不安全事件时的情景，模拟了机长下达迫降指令，机组与旅客协同、科学、有序完成应急撤离的全过程。项目以学生为中心，通过学生自主设计应急撤离预案、自己控制实验过程、自主分析实验结果，实现由学生主导实验过程，直观体验机上突发情景，管理机上有限资源，实现机组协同，掌握协同处置的步骤、动作及标准口令，保障旅客安全。

2. 实验方法

项目从乘务员客舱工作的服务流程入手，背景为机上突发紧急情况，机长根据迫降场地的不同将其分为陆地迫降及水上迫降，基于民航业出现频率最高的航空事故类型进行"机组—旅客"协同处置的常规模拟，对各步骤依次进行仿真演练。项目以计算机仿真技术、多媒体技术和网络技术为依托，对飞机遇险时从机长下达迫降指令到组织旅客有序完成撤离的全过程进行建模，是集实物仿真、创新设计、智能指导、虚拟实验结果自动批改和教学管理于一体的开放式虚拟实验教学平台，从实验场景、协同处置流程与具体操作分析，实验的整体仿真度基本接近了飞机实际突发的客舱现实场景。

系统共包括学习模式、实训模式、考核模式三种模式，实现民航突发事件的"机组—旅客"协同处置仿真训练。系统以认知学习驱动虚拟实验操作，以学习模式中知识模块串联虚拟实验操作过程，以考核、评价、验证受训人员的专业知识水平和应急处置能力。在虚拟实操过程中，通过在线测试对知识点进行考核。

三、实验指导

（1）进入网站：实验空间—国家虚拟仿真实验教学课程共享平台。

（2）点击"登录/注册"，注册 iLab 账号，如图 7-2 所示。

图 7-2　注册 iLab 账号

（3）输入手机号及验证码之后填写信息及设置密码，如图 7-3 所示。

图 7-3　用户注册界面

（4）登录 iLab 账号，如图 7-4 所示。

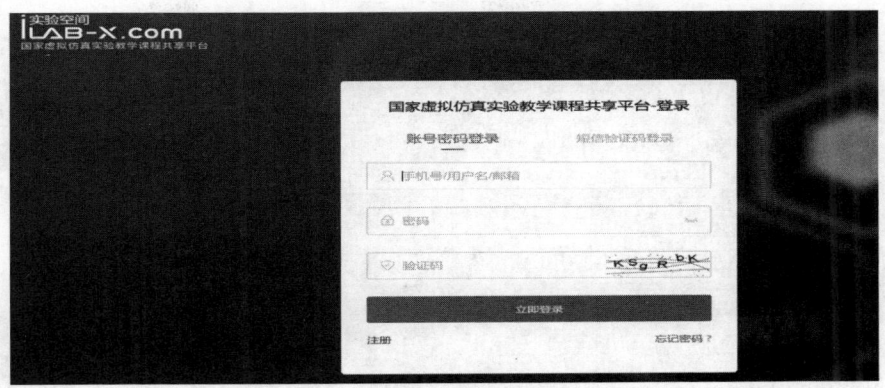

图 7-4　登录界面

（5）点击"实验中心"，如图 7-5 所示。

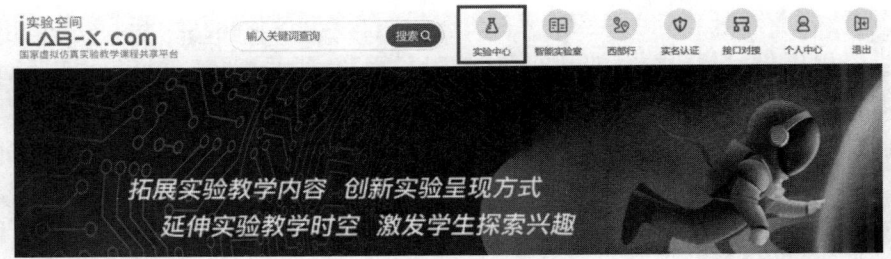

图 7-5　实验中心界面

（6）在搜索框输入项目名称关键词"协同处置"，点击搜索，之后点击下方的实验，进入项目，如图 7-6 所示。

图 7-6　搜索界面

（7）点击"我要做实验"，如图7-7所示。

图7-7　我要做实验界面

（8）点击该链接，如图7-8所示。

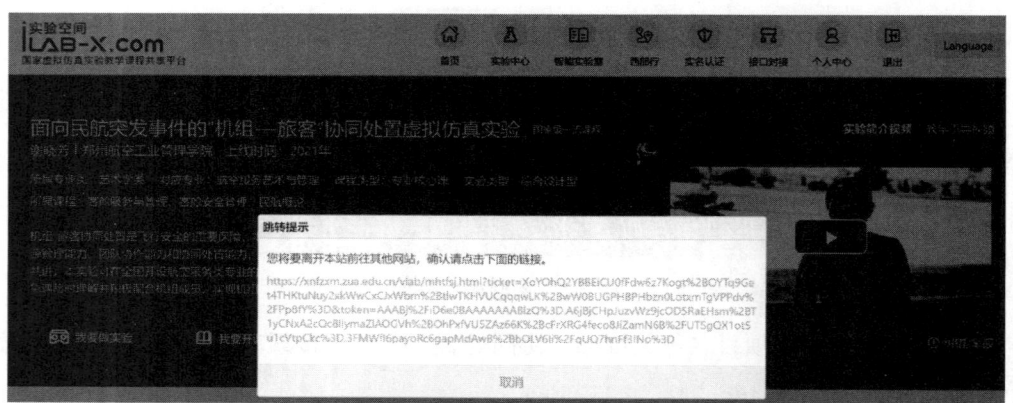

图7-8　实验链接界面

（9）点击"启动实验"，如图7-9所示，然后点击实验台的"开始实验"，如图7-10所示。

图7-9　启动实验界面

图 7-10 开始实验界面

(10) 完成实验并填写实验报告后,点击"提交",如图 7-11 所示。

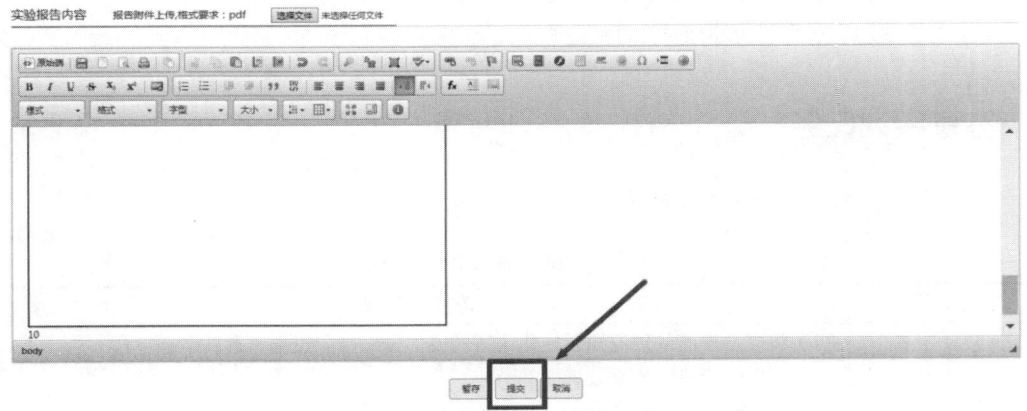

图 7-11 提交实验报告界面

本章小结

(1) 应急撤离也叫紧急撤离,是指飞机遇到较大危险,在陆地或水上进行紧急迫降后,全体旅客和机组成员按照相应预案和应急操作程序,以科学、统一、简练的动作尽快撤离飞机。

(2) 按照迫降的不同地点,应急撤离分为陆地撤离和水上撤离;按照迫降前有无准备时间,可分为有时间准备的应急撤离和无时间准备的应急撤离。

(3) 有准备时间的水上撤离与有准备时间的陆地撤离在做客舱准备工作时,差异在于,水上撤离多了救生衣演示这一步骤。

(4) 如果客舱的准备时间有限,乘务组可以根据实际情况,按顺序依次完成客舱的准备工作，其中向旅客广播迫降决定、示范救生衣的使用方法（仅水上撤离适用）、介绍应急出口位置，脱出区域划分、示范防冲击安全姿势这些工作应优先完成。

（5）在撤离时，陆地撤离和水上撤离在观察舱门外状况和指挥撤离口令这些方面是有所差异的。

（6）陆地撤离时间为90秒钟，水上撤离一般情况为120秒，此时间是从飞机完全停稳到机上最后一个人撤离为止。

（7）陆地撤离应选择在风上侧躲避，远离飞机至少100米；水上撤离应选择在风下侧，远离飞机至少150米，且离开燃油区和燃烧区。

本章思考题

（1）应急撤离的原则有哪些？
（2）应急撤离指挥权的接替顺序是什么？
（3）应急撤离前的客舱准备工作有哪些？
（4）应急撤离时的程序是怎样的？

本章实训任务

本章实训任务内容如表7-6所示。

表7-6　应急撤离演练实训任务

实训项目	应急撤离演练
实训目标	（1）将应急撤离的理论知识转化为实践，加强对应急撤离流程的掌握 （2）培养学生机上安全管理的能力 （3）培养学生沉着冷静的心理及团结协作的能力
实训内容及组织	以B737-800飞机五人制乘务组为单位，根据以下情景进行应急撤离演练： 情景1：因发动机故障，造成飞机迫降在海面上 情景2：飞机降落在跑道后，滑行过程中，左发动机着火，且火势失控，越来越大
实训考核	评分细则与考核点： （1）撤离流程：占40%　　考核点：流程是否清晰；步骤是否齐全 （2）操作规范：占40%　　考核点：动作是否规范；广播词、口令是否规范 （3）岗位分工：占10%　　考核点：岗位分工是否合理；岗位职责是否明确 （4）演练态度：占10%　　考核点：态度是否端正；是否有情景代入感

第八章 求生技能

本章导读

当飞机迫降在大海、沙漠、丛林等远离救援、环境恶劣的地方时，从飞机上安全撤离只是成功获救的第一步，更重要的是如何在恶劣的环境中生存下去，并获得外界救援。这就需要遇险旅客在乘务组的引导下具有强烈的生存意识，做好生存计划，运用求生技能走出困境。

学习目标

知识目标
（1）了解在不同环境中求生的基本方法；
（2）熟悉求生的基本原则与求生要素；
（3）熟悉求救信号的发出或使用方法。

技能目标
（1）提高学生随机应变、指挥协调的能力；
（2）培养学生应对复杂迫降环境的组织、生存能力。

素养目标
（1）培养学生团结协作、恪尽职守的职业素养；
（2）增强学生自身的责任感与使命感。

学习重点与难点

重点：求救信号的发出或使用方法。
难点：海上、沙漠求生的基本方法。

本章关键词

求生技能（Survival Skills）　　　　求救信号（Distress Signal）

陆地求生（Land Survival）　　　海上求生（Survival at Sea）

互联网资料

民航资源网
中国民用航空局官网

 思政荐读

秘鲁空难的奇迹

1971 年，从秘鲁出发的一个航班因为飞行前没能准确检测到天气状况，导致飞机被闪电击中，从高空解体坠落。让人不可思议的是，这次空难事故中有一人奇迹般地存活了下来。

这位唯一的幸存者是 17 岁的德国姑娘茱莉安，每当回忆起事故发生时的场景，茱莉安仍然记得当时的感受。飞机在空中坠落时，茱莉安只听见剧烈的风声，恐惧让她忍不住全身颤抖。幸运的是，茱莉安在飞机解体后，身体始终被安全带绑在飞机座位上，解体的飞机落在一片热带雨林中，高大的树干及茂盛的树枝让她下坠时不断减速，身后的座椅也为她减震。虽然，茱莉安落地后重度昏迷，身体多处擦伤，但好在都没有伤及生命。

茱莉安从昏迷中醒来后发现自己孤独地躺在茂密的树林中，她撕心裂肺地呼唤着，但是在偌大的雨林之中，并没有一个人回应她。此时的茱莉安终于在绝望之后接受了现实：只有凭借自己的力量，才能够走出这片森林，才有活下去的希望。

由于其父亲是野生动物学家，茱莉安从小耳濡目染，学习了很多关于野外生存的知识。如今身处险境，茱莉安很快就通过太阳的方向，确定了自己所在的位置，开始朝父亲所在的地区前行。为了保存体力，茱莉安只能靠森林中的野果及一些可以食用的野草为生。有时路过小河边，运气好的话，能抓一些鱼，但因为没有火，只能生吃。

就这样，茱莉安在雨林艰难地行进了 10 天。在一处河流边，她发现了一间房子，从而获得了猎人的救助。在当地好心人的帮助下，茱莉安找到了自己的父亲。父亲见到茱莉安，激动万分，他没想到自己的女儿在经历空难后，竟然还奇迹般地活着。

据此次空难事后统计，这个航班上一共有 92 人，除了茱莉安一人幸存，其他 91 人全部遇难。而茱莉安若不是有野外生存的知识储备和经验，也很难在热带雨林中度过 10 天，并最终走出雨林。

茱莉安在接受采访时曾说过："我只是一个普通人，让我在雨林活下来的唯一原因就是，当时我心中尚存希望。作为民航人，在带领旅客求生时，最重要的是保持生存的希望，然后利用求生技能，带领旅客走出困境，获得救援。"

第一节　求生通用常识

一、求生的基本原则

当飞机迫降后，幸存者必须面对可能出现的诸如地形和气候之类的困难，从而保全生命，得以生存，为此而采取的一切行动被称为"求生"。

在空难发生后的求生过程中，必须牢记以下求生原则：

（一）撤到安全地带

如果飞机有起火或爆炸的可能，必须远离飞机（至少应保持 100 米的距离）并待在风上侧直至危险过去；为了便于搜救，当危险过去后，移向飞机的着陆地点；不要惊慌失措地奔向未知地域，应设法与其他幸存者保持联络；除非身处毫无遮蔽的空旷地或危险之中，否则没有必要另选安全地带；不要将山顶或山腰作为避难之所，地势低的地方更易建掩体设施；不要全体出动去寻找安全地带，应分组行动，不要单干，相互保持联络并做好路标，以便顺利返回；离开失事地点时应做好标记，以便营救人员寻找。

（二）携带有用物品

尽可能多地带上饮料、食品、毛毯，以便更好地抵御进一步的灾难；带上医疗救护用品，如药箱，急救箱，甚至氧气瓶；带上信号器具，如手电筒、扩音器、应急定位发射器，以便发布求救信号；带上旅客舱单，用于确定受伤、死亡、失踪者；带上《客舱乘务员手册》，从中获取有关求生的指导方针，而且纸张是一种很好的引火材料；如果飞机已无进一步危险，可设法返回机舱获取更多有用物品。

（三）救护伤员

应将伤员一起往安全地带转移；区别伤势，展开救护，首先是呼吸困难者，然后依次是大出血者、骨折者和惊恐者；如有死者应与生还者分开，死亡会制造恐怖气氛，分开有利于使幸存者安宁。

（四）采取保护措施——建掩体

尽可能利用天然场所和手边的材料来加固和扩充掩体；身处空旷地带，如果没有装备或飞机残骸可供利用，则可以挖坑，也可利用天然洼地，用浮土加固加高四周作掩体；用石块、残骸、树枝、毛毯、滑梯布等制成防风墙；掩体除可防风、防雨，还应能遮阳；如有伤势严重不便移动者，就地建简便掩体；生火取暖，并利用反光材料，增强热效应，大家聚在一起减少热量散失。

二、求生要素

求生的三个要素是，具有强烈的求生欲望、尽可能地保存体能、具备保持健康与清洁的方法。

（一）具有强烈的求生欲望

（1）充分预见可能存在的危险和困难局面，并作出行动计划；

（2）平时的训练和积累的经验，能增强求生的欲望；

（3）保持乐观的情绪，使自己和周围的人放松下来；

（4）保证身体处于健康的状态，有利于增强求生的信心；

（5）尽快适应陌生的环境，并进行心理调节，消除抑郁情绪。

（二）尽可能地保存体能

（1）必须保证有水和食品的供应，但不要为此过分劳累；

（2）不要无目的地走动或大声呼叫，不要做超出能力范围的事；

（3）保暖御寒，防止暴晒，避免身体过冷或过热；

（4）建造掩体来应对寒风、烈日与风沙的威胁；

（5）避免流汗导致的体内水分流失；

（6）尽量睡觉，以减少体能消耗。

（三）具备保持健康与清洁的方法

1. 脚的保护

行走是求生过程中唯一的方法，不要让脚受伤；脚受伤后必须立即求助；注意保持脚的清洁与温度；尽可能穿上鞋和袜子。

2. 保护眼睛

使用太阳镜或专用护目镜；用布片或树皮保护眼睛，中间留一条狭缝；用炭笔涂黑眼睑下方；注意保护视网膜，防止雪盲；防止外伤感染；不要揉搓眼睛；避免使用隐形眼镜。

3. 个人清洁

饮食不当，会导致腹泻与呕吐；密切防范毒虫叮咬与毒蛇的攻击；注意进行个人清洁（尤其是女士）；注意环境清洁，将污物与废物在远离生活区的地方加以掩埋。

第二节　求救信号

求生者获得救援的首要前提是，使外界知道自己的处境，告知外界自己的位置，并努力与外界取得联系。求生者可以利用设备、光亮、物品等发出求救信号，引起外界注意。

一、信号与联络

1. 应急定位发射器及救生包内的信号设备

民用航空飞机上配备有应急定位发射器，可通过此设备向外界发出求救信号。还可在适当的场景使用救生包内的信号设备发出求救信号。

2. 火

火在白天和夜间都可作为信号，三堆火组成的三角形信号是一种国际遇难信号。可利用干的树枝、树皮、树叶作为燃料，如图8-1所示。

图8-1　利用自然界中的可燃物作为燃料

3. 烟雾

在晴朗无风的日子里或白雪覆盖时，可用白色/黑色烟雾作为信号。利用湿的树枝、树皮、树叶可烧出白烟；而添加飞机的燃油、轮胎等作为燃料，能形成黑烟。蓝天环境使用白烟，雪地、阴天环境使用黑烟。

4. 手电筒

在夜间可以利用手电筒发射灯光信号，灯光在很远的地方也可以被看到。国际通用的"SOS"求救信号是三次短闪、三次长闪、三次短闪。

5. 地对空求援符号

（1）利用树丛、树叶、石头、雪等天然材料堆成各种求援符号，以吸引来自空中的救援人员的注意。

（2）国际公认的求援符号有五种。

① "V"字表示求援者需要帮助。

② "箭头"表示求援者行进的方向，如图8-2所示。

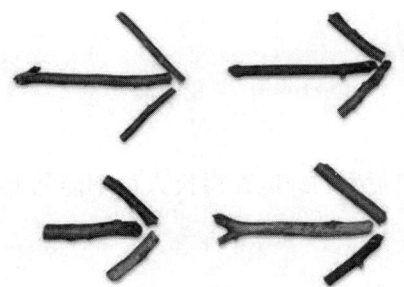

图8-2　"箭头"求援符号

③ "X"表示幸存者需要医疗救护。

④"Y"或"N"分别代表"是"或"不是"。
⑤"SOS"表示请求援助我们,如图8-3所示。

图8-3 "SOS"求援信号

6. 空对地信号

航空器使用下列信号,表示已明白地面信号;如无下列信号,则表示不明白地面信号。

(1)昼间:摇摆机翼。

(2)夜间:开关着陆灯两次,如无此设备,则开关航行灯两次。

二、发信号时要注意的问题

(1)做好发信号的一切准备,并保证其有效性。

(2)应保证铺设的地对空求援信号在24小时内都有效,因为信号材料在昼间大部分时间内都有阴影,所以铺设方向应为东西方向。其线条宽度为0.9米,长度不短于5.5米,并定时检查。

(3)所有信号的发出和铺设应在开阔地带,可能的情况下多准备几种信号。

(4)用火作为信号时,应选择离其他树木较远的孤立稠密的常青树,避免引发森林火灾。

(5)保护好信号材料不受冷、不受潮。

(6)烟雾和反光镜是效果仅次于无线电的联络手段。

(7)任何异常的标志和颜色之间的差异在空中都能被发现。

第三节 求生技能分类

一、陆地求生

当陆地撤离发生在偏僻和荒凉的地区,救援人员不能马上赶到时,幸存者应做好陆地求生的准备。

(一)撤离后的组织

(1)远离着火的飞机,避免再生性侵害。

(2)当发动机冷却,燃油蒸发,火已熄灭时,设法返回飞机。

（3）寻找旅客中的医务人员，向受伤人员提供援助，实施急救。

（4）集合并清点幸存人数，将其分为几个小组，每组人数4～25人。

（5）每组指定一名组长负责管理，总任务由机组人员（按机上指挥权的接替顺序）下达，具体任务由组长分配给每一个人。

（6）就地取材搭设临时避难所。

（7）准备好用于发出求救信号的设备。

（二）建立避难所

1. 天然避难所

山区和岩石边的山洞；凸出的大岩石下边；树、树枝及雪（雪可用于构筑雪屋）。

2. 飞机避难所

完整的机身；机翼和尾翼；滑梯；机舱内的塑料板及绝缘板。

3. 修建避难所时要注意的问题

山洞作为避难所时，要注意其内部可能会潮湿，同时可能会有其他生物存在；冬季时，不宜依靠机身修建避难所，因为金属散热较快；避免在低洼潮湿的溪谷处修建避难所，以免被洪水冲走；不宜在倾倒的枯树间修建避难所，以免被落枝砸中；不宜在茂密的草木丛林中修建避难所，以免被毒虫叮咬。

（三）饮水

在求生过程中，水比食物更为重要，水是人生存的必需品。

1. 水的来源

当求生者从飞机上撤离时，应尽可能多地携带水和饮料；附近的河流、湖泊、池塘、山泉等；在沙丘之间凹处进行挖掘，可能有水；干枯河床下面常常有水；雨水和露水；热带丛林的植物也富含水分；寒冷地带，冰雪融化后的纯净的水；鸟群经常在水坑上飞翔；顺着动物的足迹和粪便等寻找水源，沙漠地区也是如此。

2. 饮水注意事项

不干净的水最少煮10分钟后方可饮用；河流、湖泊、池塘、山泉等水源，需消毒后饮用；不要直接食用冰和雪解渴，因为冰和雪会降低体温，还可能引起腹泻，造成更严重的脱水；不要饮用丛林中植物的乳汁状的汁液，可能有毒；不要饮用尿液，那样会令人恶心，并且对身体有害；减少活动避免体液损失；飞机上带下的水和应急水应放在最后使用；合理分配用水量；沙漠中的湖泊和水坑的水，如尝起来有盐碱味，不要饮用。

（四）食品

在野外生存中，食物与水相比并不是最重要的。一个幸存者不吃东西，光靠水和自身的脂肪也能生存一段时间，当求生者需要吃食物时，可以从周围的环境中获取。

1. 食物的来源

在不影响撤离速度的情况下，尽可能多地从飞机上带下可用食品；从昆虫身上获取食物；猎捕野兽和鸟类作为补充食物；捕食鱼类；采摘野生藤本植物；捕捉爬行动物；飞机货舱内可食用的货物。

2. 进食注意事项

应急食品应留至迫不得已时再食用；昆虫如蚱蜢、螳螂、蝉、天牛幼虫等可供食用，应充分烧烤后再吃，避免感染其体内的寄生虫，吃时要去掉胸腔、翅膀和腿；食用鸟类及兽肉之前，应先放血，去皮取内脏，再经烧烤后食用，在取内脏时不要碰破胆囊，并将多余的肉储存；淡水鱼要煮熟后才能食用；如以植物为食品，应在食用前分辨其是否有毒，有毒植物被折断的枝叶上有乳汁样的汁液流出，触摸后有刺痒感并使皮肤变红肿，嚼在嘴中有烧灼感、辛辣苦涩或滑腻味，但不是所有有毒植物都有怪味，有时是香甜味，咀嚼 8 小时后无特殊感觉，才可放心食用。每人每次只可尝试一种，必须按序进行，当有疑虑时立即停止尝试，当有不适时，尽快刺激喉咙把它呕吐出来。

（五）野外取火

生火是野外生存中最基本的技能之一。火可以用来取暖、做饭、烘干衣服、防止野兽的袭击，并用作联络信号。

1. 生火的必备条件

生火的一般顺序是从火花源到引火物，再到燃料。

（1）火花源如火柴、打火机、火石和小件钢制品、信号弹（最佳火种，也是最后的手段）、电瓶（不要在飞机附近进行）、放大镜等；

（2）引火物如棉绒、纸绒、脱脂棉、蘸过汽油的抹布、干枯的草和毛状植物、鸟的羽绒及鸟巢等，作为引火物的材料应细小、易燃、干燥；

（3）干燥的树枝、枯枝、灌木、捆成束的干草、干燥的动物粪便及动物脂肪、裸露在地表的煤块、飞机上的汽油和润滑油等，凡是可以燃烧的东西都可以作为燃料，并可以混合在一起使用，在准备燃料时一定要尽可能地使之充足够用。

2. 火场的设置

火场最好设置在沙土地和坚硬的岩石上。如要在丛林中生火，要尽可能地选择林中的空地，同时要清除周围地面上的一切可燃物，如树枝、树叶、枯草等，还要在近处准备好水、沙子或干土，以防引起森林火灾。

如果是在雪地、湿地或冰面上生火，可先用木头或石块搭一个生火的平台。作为取暖用的火，可利用天然的沟坎，或先用圆木垒成墙，以利于将热量反射到隐蔽所中。

3. 成功取火的条件

保持足够的火花源并使其始终干燥；要为第二天准备足够的引火物和燃料，并用干燥的东西将其盖好；点火时火种应在引火堆的风下侧。

（六）陆地生存要点

（1）充分休息，保存体力，每晚应睡 7~8 小时；

（2）保持避难所的清洁，脏物应存放在离住处较远的地方；

（3）尽可能保持自身清洁，以使自身拥有良好的精神状态；

（4）沙漠中求生应尽可能躲避太阳辐射，以减少体内水分蒸发，寻找水源和食物的工作最好在傍晚、清晨、夜间进行；

（5）丛林地带生存应避免被蚊虫叮咬，在阴冷的天气里，尽可能保持身体干燥和温暖；

（6）在身体条件允许的情况下，适当锻炼身体，但不要超量；

（7）除了必须转移到安全干燥地区的情况，幸存者应留在遇险地区等待救援；

（8）人员要集中，避免走散，随时清点人数。

二、海上求生

地球表面约 70%被海水覆盖着，在所有求生环境中，海上求生尤其艰难，在寒冷的海水中人体体温会迅速下降，求生者必须设法尽快登上陆地或救生筏中。

（一）海上生存的特点

海上缺乏参照物，难辨方向，不易发现目标，求生者很难判断所处的位置；海上风大浪高，平均风力 3~4 级，大风时可达 10 级以上；海上缺乏淡水；海水水温低，表面平均水温不超过 20℃，有 13%的水表面温度在 4℃以下；海洋生物可能对人造成伤害。

（二）水中保暖

（1）水中小组聚集保暖法：几人组成一个面向中心的圆圈，手臂相搭，身体的侧面相接触，紧紧地围成一个圆圈，如图 8-4 所示；

图 8-4 水中小组聚集保暖法

（2）单人保暖休息法：双腿向腹部弯曲，两手交叉抱住双膝于胸前；

（3）在冷水中尽量减少活动，保存体力，减少热量的散发；

（4）减少冷水与人体的接触面，保持体温，以减少热量的损失；

（5）不要在水中脱弃衣服鞋袜；

（6）身着薄衣的成人在 10℃的水温中的生存时间，如表 8-1 所示。

表 8-1 成人在不同情况下的水中生存时间

穿戴救生衣	采用姿势	生存时间
无	踩水	2 小时
有	游泳	2 小时
有	保护姿势	4 小时

（三）饮水

海上求生时，淡水是至关重要的必需品。海水是海上求生者最大的水源，然而海水不能被直接饮用，即便加入部分淡水也不能饮用，否则就会出现脱水，对人体组织产生破坏，引起许多器官和系统的严重损伤。因此，在海上生存中禁止直接饮用海水。

1. 确保淡水供应

离机前，尽量收集机上饮料带到船上；收集雨水，利用船上的设备储存雨水；收集金属表面的露水；北半球海域冰山是淡水的来源，但靠近冰山要特别小心。因为，船在冰山翻转时非常危险；利用海水淡化剂淡化海水，使其成为可饮用的淡水。

2. 饮水注意事项

先使用已有的淡水，再进行海水淡化。除非特别渴，否则在救生筏上的第一个 24 小时不要喝水，如有婴儿和重伤员可适当分配。之后如果水量有限，每天喝 0.47 升水；当雨水充足或 0.47 升水不能满足需要时，每天可以喝 0.7 升水或更多。当淡水很少时，在下雨前只能用水湿润嘴唇和抿一点水，为减少饮水的欲望，可在嘴中含一个纽扣或口香糖，增加唾液分泌。不能抽烟，不能饮用酒类及咖啡因制品，避免体内水分散发，酒可以留下用于外伤消毒止痛。尽量少活动多休息，减少体内水分的消耗。

（四）食品

1. 食物来源

在离开飞机前，应尽可能收集机上食品以备带上船使用；飞机断裂后货舱内散落在外、漂浮在水面上的可食用的货物；海里的鱼类及海面上的鸟类；救生包内的应急口粮。

2. 进食注意事项

水量多时，吃蛋白食物，水量少时，吃碳水化合物；鱼类是海上生存最大的食物来源，但不要食用不熟悉的鱼类。

（五）发现陆地

1. 确定陆地/岛屿的位置

晴朗的天空中，远处有积云或其他云聚集的地方，积云下面可能有陆地或岛屿；黎明，鸟群飞出的方向，黄昏，鸟群飞回的方向，可能是陆地或岛屿；通常情况下，白天，风吹向陆地，晚上，风吹向海岸；在热带海域，天空或云底的淡绿色，通常是由珊瑚礁或暗礁反射形成的；漂浮的树木或植物意味着附近有陆地，但是要注意不要被海市蜃楼迷惑，在船上改变坐立高度时，海市蜃楼不是消失便是改变形状。

2. 登陆

登陆是海洋求生的最后环节，要想顺利地登陆，必须注意以下几点：选择最佳登陆点，尽力向其靠近；穿好救生衣并充好气；穿好所有的衣服、鞋帽；靠岸时，尽量放长海锚绳，降低船向登岸点接近的速度，保证安全；救生筏在海滩上着陆前，筏上人员不能爬出救生筏；救生筏一旦登陆，筏上人员迅速下筏并立即设法将救生筏拖上海滩。

3. 获救

当救生筏驶到救生船旁边时，不要认为求生者可以很容易地登上救生筏。切记如果求生者已经在海上等了很久，其身体已经很虚弱，求生者一定要静坐筏上，等待救援人员来救，不要急于离开救生筏。当直升飞机来救援时，一个吊篮只能容纳一个人。

三、丛林求生

丛林里有丰富的食物和水源，因此丛林求生是最容易的，这里最大的危机是惊慌失措和昆虫及植物引起的疾病。

（1）带上救生衣以在任何空地带显出对比色彩。

（2）带上所有滑梯、救生筏。

（3）最好在空旷的地方将滑梯、救生筏展开，架好帐篷，作为住所。

（4）启动应急定位发射器。

（5）熟悉救生包内物品，取出发射信号设备，其余物品留在储存袋，需用时再取出（救生包内有内容详尽的各种救生指导小手册）。

（6）当发现搜救的人员或设备时，白天使用烟雾信号和反光镜，夜间使用火炬或信号弹，使用烟雾信号和火炬时一定要在风下侧。

四、极地/冬季求生

当人身体发颤时，表明体温已开始下降，体温低于30℃是重度低温，可能危及生命。处在任何低温、强风和冰雪覆盖的地区时，都必须运用冬季求生原则。

（1）携带救生衣以作御寒之用。

（2）带上所有滑梯、救生筏。

（3）应充气、架设好滑梯、救生筏作为掩体，尽快让旅客进入避寒。

（4）启动应急定位发射器。

（5）在可能的条件下，收集飞机上的枕头和毛毯分配给旅客，让旅客松开紧身衣服，尽量靠近坐好以保持体温。

（6）熟悉救生包内物品，取出发射信号设备，其余物品留在储存袋，需用时再取出（救生包内有内容详尽的各种救生指导小手册）。

（7）指挥旅客做温和的运动，例如坐着屈伸腿部，运动手指和脚趾等。

（8）避免饮用酒类饮料，以免体温散发。

（9）必须经常放进一些新鲜空气到掩体里面，因为掩体内部的二氧化碳含量增高会造成危害；

（10）不要让旅客同时睡着，应安排旅客日夜轮流值班；

（11）发现搜救者时，白天使用烟雾信号和反光镜，夜间使用火炬和信号弹，放烟雾信号和火炬时要在风下侧。

五、沙漠求生

沙漠地带通常昼夜温差很大，夏季白天气温有时达40℃左右，而夜间气温降至15℃左右。白天日照强烈，直接在阳光下暴晒，会导致疾病的发生（如日射病、中暑、热消耗、热痉挛等），这会加速体能的消耗，出现身体脱水，直接威胁生存。

在沙漠中求生时，应注意以下几点：

（1）携带救生衣以备夜间御寒用。

（2）带上所有滑梯、救生筏。

（3）应充气、架设好滑梯、救生筏作为掩体，尽快让旅客进入。

（4）启动应急定位发射器。

（5）熟悉救生包内物品，取出发射信号设备，其余物品留在储存袋，需用时再取出（救生包内有内容详尽的各种救生指导小手册）。

（6）将现有的饮用水保留给失血者、呕吐者、严重腹泻者等。

（7）寻找水源。设法从绿洲、干涸河床底部的水洞、坎儿井中寻找水源；仙人掌类植物中富含水分；昼夜温差很大时，凝结水蒸气取水；在沙丘间的最低处奋力下挖可能会找到水源。

（8）防止体液流失。流汗后及时补充水分，流汗是人体的降温机制，体液减少时，依然会大汗不止；减少日间的活动，集中在夜间工作，如搭建掩体、生火取暖或煮水（灌木与大型动物粪便都很易于燃烧）；全身着衣，白天不要脱下衣服，否则会增加流汗，衣服应宽松，以便隔热或保暖。

（9）发现搜救者时，白天使用烟雾信号和反光镜，夜间使用火炬和信号弹，使用烟雾信号和火炬时要在风下侧。

 拓展阅读

我国航天员的"荒野求生"

2022年6月16日，我国第三批18名航天员赴巴丹吉林沙漠开展野外生存训练。继2018年我国首次在着陆场区沙漠地域组织航天员野外生存训练之后，中国航天员再赴大漠，开启为期10天的"荒野求生"。

为何要开展野外生存训练？

第八章　求生技能

载人航天是一项高风险性的事业，从发射到返回，任何一个环节出现故障，都会对航天员的生命安全构成威胁。航天员乘组在空间站执行任务期间，若出现意外情况需要紧急返回，有可能无法精准降落到原定的着陆地点，而是飘落至事先难以预料的地点。

在救援人员到达之前，航天员必须依靠自身的力量生存下来。因此，牢牢掌握野外生存技能成为航天员训练中的一项必修课。从出舱后脱下厚重的航天服开始，航天员便开始了"孤军作战"。沙漠野外生存是航天员必须掌握的一门救生技能。

他们在野外可能会遇到种种意外情况，如发生骨折、皮裂、烧伤、冻伤等情况，需紧急进行自救，若通信设备失灵还需点燃篝火与外界取得联系，甚至还会面临与毒蛇、猛兽进行搏斗的可能性。此外，食物补充、饮用水获取也是野外生存的必备本领。

野外生存训练要完成哪些科目？

此次训练中，18名航天员分为多组多批次，模拟了沙漠野外生存训练的全过程，开展远距离求救联络及野外生存掩体搭建、野外生存及近距离求救联络、沙漠野外行进等科目。

沙漠干旱少雨、空气干燥。面对严酷的自然环境，航天员首先要使用救生电台、卫星定位仪、卫星电话等进行初期的求救联络，然后察看四周地形，利用自然条件、所带装备和返回舱、降落伞等搭建遮阳、保温的掩体，在沙漠里生起篝火、烧水、烹煮食物。

之后，他们还要想方设法地进行近距离求救联络，根据指北针、卫星定位仪显示方位，确定转移与行走的路线和方向。在制作好简易路线图、背包和拐杖后，众人佩戴防风尘太阳镜、救生电台、卫星定位仪等设备及自卫工具，按照预先确定好的路线行走，到达预定地点。

他们用干枯的骆驼刺作为柴火，用放大镜聚光取火，燃起篝火。夜幕降临，航天员们也会苦中作乐。他们坐在篝火边规划日程，交流自己的飞行经历、训练趣事。

野外生存训练难在哪儿？

沙漠救生训练的难点不仅在于沙漠的自然环境严酷艰苦，更在于可利用的自然资源和航天员现有的水、食物及其他物资相当有限。由于每人只配发5公斤饮用水，航天员甚至不敢大口喝水，必须精打细算。为了轻装上路，他们还要在保证生存需要的前提下对携带的物资作合理取舍。

此外，在野外生存训练中，航天员需克服大风扬沙、烈日高温、降雨降温等恶劣气象条件的考验，真实体验沙漠的自然环境，同时进一步验证救生物品配置的合理性，为后续设计改进提供依据。

此前，航天员在山东烟台附近海域、东北地区开展了海上求生和丛林求生训练。尽管航天员着陆荒野、海上、沙漠的应急情况几乎不会出现，但掌握这些荒野求生的技巧可以有效提高航天员在应急环境下的求生能力和在应急环境中生存的心理素质，做到有备无患。

本章小结

（1）求生的三个要素是：具有强烈的求生欲望、尽可能地保存体能、具备保持健康与清洁的方法。

（2）求生者获得救援的首要前提是，使外界知道自己的处境，告知外界自己的位置，并努力与外界取得联系。

（3）在求生过程中，水比食物更为重要，水是人生存的必需品。海上求生时，淡水是至关重要的必需品，离机前，尽量收集机上饮料并带到救生筏上。

（4）当人身体发颤时，表明体温已开始下降，体温低于30℃可能危及生命。处在任何低温、强风和冰雪覆盖的地区时，都必须运用冬季求生原则。

（5）求生技能是乘务员必备的技能之一，无论飞机迫降在何种环境下，都要求乘务员具有良好的心理素质和扎实的业务素质。当灾难来临时，只有积极行动起来，才能拯救自己，拯救机上的旅客。

本章思考题

（1）求生的基本原则有哪些？
（2）求生的基本要素是什么？
（3）地对空的求援信号有哪些？
（4）陆地求生时，乘务组应从哪些方面保障旅客和自身的安全？

参 考 文 献

[1] 中国民用航空局职业技能鉴定指导中心. 民航乘务员（2020年版）[M]. 北京：中国民航出版社. 2020.

[2] 人力资源和社会保障部教材办公室. 保安员（航空安全）（四级）[M]. 北京：中国劳动社会保障出版社. 2015.

[3] 于莉，于传奇，马丽群. 客舱服务安全与应急实务[M]. 北京：化学工业出版社. 2019.

[4] 陈卓，兰琳. 客舱安全管理与应急处置[M]. 北京：清华大学出版社. 2017.

[5] 术守喜，马文来. 人为因素与机组资源管理[M]. 北京：北京航空航天大学出版社. 2015.

[6] 罗晓利. 机组资源管理[M]. 成都：西南交通大学出版社. 2012.

[7] 汤黎，何梅. 客舱安全管理与应急处置[M]. 北京：国防工业出版社. 2016.

[8] 顾震. 民航客舱安全管理[M]. 北京：化学工业出版社. 2016.

[9] 中国民用航空局官网.

[10] 中国民航网.

[11] 民航资源网.